絵本は赤ちゃんから

母子の読み合いがひらく世界

佐々木宏子

新曜社

はじめに――絵本が赤ちゃんにもたらす時間

わが国で、赤ちゃんに絵本を手渡す「ブックスタート」（ＮＰＯ法人）運動が２０００年の「子ども読書年」をきっかけに２００１年に始まってから、「赤ちゃん絵本」への関心は急速に広がりつつあります。そのような時代の流れの中で、よく受ける質問があります。それは、ひとことで言えば、「赤ちゃんが絵本を読むと、どのような効果が期待できるのですか？」というものです。

このような質問を受けるたびに、わたしは口ごもってしまいます。質問された人はどのような答えを期待しているのだろうかと、瞬時にその人の職業や表情に探りを入れている自分に気づきます。このような質問を受けたときの違和感は、たとえば、大江健三郎の文学作品が好きな読者に、「彼の作品を読むことは、あなたにとってどのような効果がありますか」と尋ねたとき、その人が感じるであろうものと同じでしょう。

おとなの読書はハウツーものもあれば、仕事に関わる専門書、教養書やエンターテインメント、いわゆる純文学や哲学書など、もうさまざまです。おとなはある一冊の本を選択するとき、自分がその本に何を期待しているかを自覚しています。じつは、赤ちゃんや幼児であっても、このことは同じであるとわたしは考えています。赤ちゃんも幼児も、自分で絵本を選びます。おとなは、さまざまな種類の絵本を子どもたちの前に差し出しますが、興味のない本には見向きもしません。特に、1歳も過ぎると、電車絵本の好きな子、簡単な物語のある絵本を好む子、生活絵本の好きな子、わらべ唄の絵本を手放さない子など、子どもたちの選択はかなり明確になってゆきます。

赤ちゃんであっても、「喜んで見る」、「まったく関心を示さない」という態度を示すことで、選択を行っているのです。それなのになぜ、赤ちゃんや幼い子どもには「効果」という一括りの言葉で、絵本に何かが期待されるのでしょうか。

もうひとつ、わたしがなぜ「効果」という言葉に抵抗があるのかといえば、「効果」として期待されるものは、数値で計れるような類型の中に閉じこめられる場合が多いからです。そこには薬の効能や、運動の成果、それに脳生理学的な反応に見られるような効果と同次元の単純な感覚で、「絵本の効果」を論じる姿勢が見られます。

それでは、親子で絵本を読み合うことにどのような「効果」もないのか、と問われれば、それは「無限にある」と言わざるをえません。

子どもたちは絵本を読むことを通して多くの新しい言葉や言いまわしを覚え、人間の心を読むことを知ります。笑い、泣き、憤慨し、恐怖を覚えることで、新たな感情の存在を理解することもあります。また、2、3歳児が日々絵本を通して新しい単語を獲得してゆく様子には、目を見張るものがあります。

繰り返し繰り返し読み、数ヶ月ほど経つと、絵本の中で経験した「おるすばん」や「はじめてのおつかい」に挑戦する子もいます。

長新太のどのような言葉をついやしても説明できないユーモアを、一年後のある日、「その構造」が自覚できるやいなや、内側に持続し続けていたと思われる「そのこと」を、言葉や行為で鮮やかにおとなに向けて放つことがあります。そして、「どうだ！」と言わんばかりの表情で、ニヤッと笑いかけます。そのときに、読み手であるおとなとの間で共有できる驚きと感動は、ともに読み合った後に流れた子ども自身の歳月の重みから生じるものです。まさに、子どもの成長や発達の質的転換が、火花のように垣間見える瞬間です。このことを言葉で説明するのはとても難しく、「火花」を経験した者同士だけが確認できることなのかもしれません。

幼い子どもにとっての絵本は、今日の「効果」もあれば、一週間後、一年後、三年後の「効果」をもつものもあります。まったく忘れ去られてしまい、なぜその絵本が幼い頃に好きだったのかと問われても、本人自身が首を傾げたくなるような絵本もあります。絵本を読み合うことで、愛することの心を読み合い、人間関係の葛藤を読み合い、悲しみと喜びの感情を読み合い、戦争と平和を読み合い、不思議とつまらなさを読み合い、ユーモアや冒険・科学を読み合います。子どもたちは他者への想像力を働かせ、自分が必要とするものについての自覚を始めます。

同じ一冊の絵本であっても、親子で読み合うときと友達と読み合うときでは、異なった感情や雰囲気が醸し出され、ストーリーですら変わって感じられることがあります。また、同じ絵本を子どもとして読んだとき、母として読むとき、祖母として読むときでは、向き合う者との関係で、絵本は、さらに異なった扉を開けて見せてくれます。そのことは逆に言うならば、幼い子どもにとっての絵本は、それを読み合う人との関係で異なったものとなるということです。

もっと他にもあるかもしれませんが、わたしにはこのようなことが思い浮かびます。社会が複雑になり、しかも目には見えにくい個人的なレベルでの情報が錯綜する中で、子どもの発達現象を分析し、輪郭を与えることはますます難しくなっています。このことを切り口を変えて、もう少し考えて見たいと思います。

近年、自然破壊が進行する中で、自然がおとなや子どもたちに育むものについての喪失が語り合われることが多くなりました。たとえば、子どもたちが美しい里山で暮らすことや、海辺で夕陽を眺めることは、どのような発達的「効果」があるのでしょうか？ また、四季折々の花やさまざまな種類の樹木が育つ森の中で暮らすことは、子どもの成長にどのような教育的「効果」をもたらすのでしょうか？このように問われれば、多くの人は「効果」という言葉に違和感を感じることでしょう。たしかに子どもたちは、森の中に住んでいればたくさんの植物の名前を覚え、どれが食べられてどれが毒を持っているかなどの生態を知り、自然の中で生きてゆく知恵を身につけるかもしれません。海辺の近くであれば、四季折々の気象の変化や漁師の暮らし、市場における魚の値段の変化も気になることでしょう。

しかし子どもたちを取り巻く環境は、多様で複雑な物理的・自然的かつ歴史的・文化的な財（蓄積されたもの）により構成されているわけですから、それが同じように複雑な生い立ちや個性をもつ子どもにどのような「効果」を及ぼすのかと問われても、すぐには明確に答えられるものではありません。このことは絵本の「効果」と同じなのです。ですから、わたしは「効果」の言葉の前に立ち止まってしまうのです。

子どもたちとともに暮らしていると毎日が日常の些事の連続であり、多くの母親は、「ときには一人の時間をもちたい」と、切実に願います。それほど離れがたく分かちがたく向き合っているにもかかわらず、ふと気がつくと、子どもは成長し大きくなっています。じっと見続けていたにもかかわらず、子どもはいったい、いつどこで成長し、大きくなってしまったのでしょうか。

大切なことは、一冊の絵本を読み合うことにより、そのとき読み合う二人の間でどのようなことで笑いと驚きが生まれ、悲しみあるいは幸せの感情に包まれたかを、反芻し味わうことではないでしょうか。そこで問われるべきことは、たった一度しか流れない赤ちゃんの時間について語り合うことであり、親子の間には、これほど豊かで不思議な時間が存在していたのだという事実の確認こそが、意味のあるものではないでしょうか。

絵本は効果を問いかけるものではなく、絵本を読み合うことでどのような楽しい時間が創り出せたのか、どんな発見や冒険をしたのか、ユーモアに満ちた不思議な時間は存在したのか、子どもの内面世界で何が変わってしまったのか、などについて、語り合うべきものではないでしょうか。

ビジネス旅行ならばともかく、世界遺産を訪ねる長い旅を終えて帰ってきた人に、今回の旅はあなたにどのような成果や効果がありましたかと尋ねる人はいないでしょう。人は旅行者に、何に出合い感動し、どのようなことを発見し考え、自分の中にどのような対話が引き起こされたのかを知りたく思うものです。そして何よりも、そのような時間をもつことができた人を大いにうらやましいと思うものです。

わたしが本書で意図したことは、これと同じです。おとな（親や保育者など）は、赤ちゃんとどのように絵本を読み合い、それは二人にとってどのような時間であったのか。毎日毎日、あんなにも密着して過ごしていたはずなのに、いつの間にか幼児期を通り抜け小学生になってしまった子どもたち。過去を「成果」という小さなキーワードから眺めるのではなく、二人が絵本を仲立ちにして過ごした時間を記録にもとづき明らかにすることで、赤ちゃんから幼児へという瞬きにも似た短い時間を、そのまま表してみたいのです。

少子化時代に赤ちゃんの存在は、ますます目にし、触れることが希になってゆきます。わたしたちは、人生に赤ちゃんという時間があったことすら忘れてしまいそうです。その希薄感から生じるさまざまな問題が、若い人たちを混乱させ、悩ませています。この本を通して、赤ちゃんとはこんな存在なのだということを、少しでも味わっていただけるならば幸いです。

さて、本書のデータの収集方法についてですが、すべて事例研究です。

第1章は、誕生後からの赤ちゃんの追跡記録です。この研究では、平成14年生まれの一児を選び、かなり詳細に追跡しました。現在、20巻のＤＶＤ映像記録が収集できており、平成17年10月現在も継続中です。東京在住の赤ちゃんで共同生活をしているわけではありませんので、保護者である両親に記録を依頼することを中心にしながら、年６回程度直接会い、映像と面接・観察記録を取りました。

第2章から第6章までは、アンケート調査を土台にしたインタビュー（聞き書き）記録です。大量のアンケート用紙にもとづく調査は、赤ちゃんと絵本の出合いや好きな絵本など、大まかなアウトラインをつかむのに有効ですが、残念ながら、赤ちゃんの内面へと迫ることはできません。本書で紹介する事例の対象者は、195名の一次的なアンケート調査（平成15年7月実施）の結果、赤ちゃんと絵本の関わりについて優れた観察と記録（記憶）の持ち主である母親15名を選抜し、本書にはその中の5名の追跡インタビューを収めました。インタビューは、赤ちゃんの頃からとてもよく読んだ絵本を当日持参いただき、時期の早い順番から一冊ずつページをめくりながらお話しいただきました。インタビューの場所は、すべて札幌A幼稚園です。また、母子の年齢は、すべてインタビュー当日のものを記しています。

日本では「赤ちゃん絵本」という場合、一般的には0、1、2歳児までの子どもを対象にした絵本を指します。本書の中で「赤ちゃん絵本」という言葉を使う場合は、そのような意味であることをお断りしておきます。しかしこの定義も、おそらく近いうちに変化する可能性があります。なぜならば、一括りにされていた赤ちゃんと絵本の関わりが少しずつ解明され始めたために、今後は、意味の世界へと入る前の絵本が「赤ちゃん絵本」として細分化される可能性があるからです。しかし、そのことは年齢・月齢による分化というよりは、赤ちゃんひとりひとりの成長や個性が異なるために、もっと別の名称がふさわしいということになるかもしれません。

最後に、今回のインタビューに応じてくださった皆様に心よりお礼を申し上げるとともに、登場人物はすべて仮名であることをお断りいたします。

絵本は赤ちゃんから

―母子の読み合いがひらく世界―

目次

第2章　赤ちゃんの反応に驚く──「こーれは楽しいぞ！」　33

第6章　幼児は物事を考えたり見たりしている　175

装幀――大塚千佳子

第1章

つなぐものとしての絵本
――聴くこと話すことへの強い好奇心

観察対象児	石川壮一さん／男／平成14年7月20日生
観察期間	誕生後から現在も継続中
観察者	A　佐々木宏子 B　両親（石川綾子さん・観察開始時33歳／石川琢司さん・観察開始時・34歳）
記録方法	A　佐々木宏子／①デジタルビデオカメラによる、対象児への両親の絵本の読み聞かせ場面の記録（年6回程度）。②両親が記録したビデオ記録を参照しつつ、インタビューを行う。③その他、絵本の一人読みや日常の観察場面をノートに記録。（②③については、メールや電話で、月2回程度の割合で聞き取り） B　両親／日常生活の自然な状況での絵本の読み聞かせ場面を、デジタルビデオカメラにより記録。
記録ビデオ	平成14年7月より平成17年8月までに、DVD20巻を収集。
絵本の選択	基本的には佐々木宏子が選択するが、両親である保護者が適宜購入したものも含む。

1　ストーリーテリングへの強い好奇心

（1）「桃の子太郎」の語りに合わせて口からぷくぷく泡をとばす

ソウイチさんは、５ヶ月のとき寝かせたままの姿勢で、わたしが完全に記憶している「桃の子太郎」（青森県西津軽郡）（関敬吾編／日本の昔ばなし（Ⅱ）岩波文庫）をゆっくりと試しに語ってみたところ、最初はこちらの顔をじっと眺めていましたが、やがて途中からしきりに口を動かしはじめ、ぷくぷくと口から泡を出しはじめました。だんだんとその勢いは激しくなり、彼の口の周りは泡だらけになりました。わたしの唇が動くことへの共鳴動作（co-action）と思われます。まるで彼自身もわたしの語りに合わせて、話しているかのようでした。語りの時間は3分くらいでした。

従来、誕生後すぐから、おとなの口の開閉のリズムに合わせて舌を動かしたりするような反応は分かっていますが、それがストーリーテリングにも見られるということでしょう。

たしかに、おとなであっても音を消してテレビのニュース番組を見ていますと、アナウンサーの口だけが異様に動いているように見えます。赤ちゃんは、まだ言葉の意味が分かりませんから、じっと口の

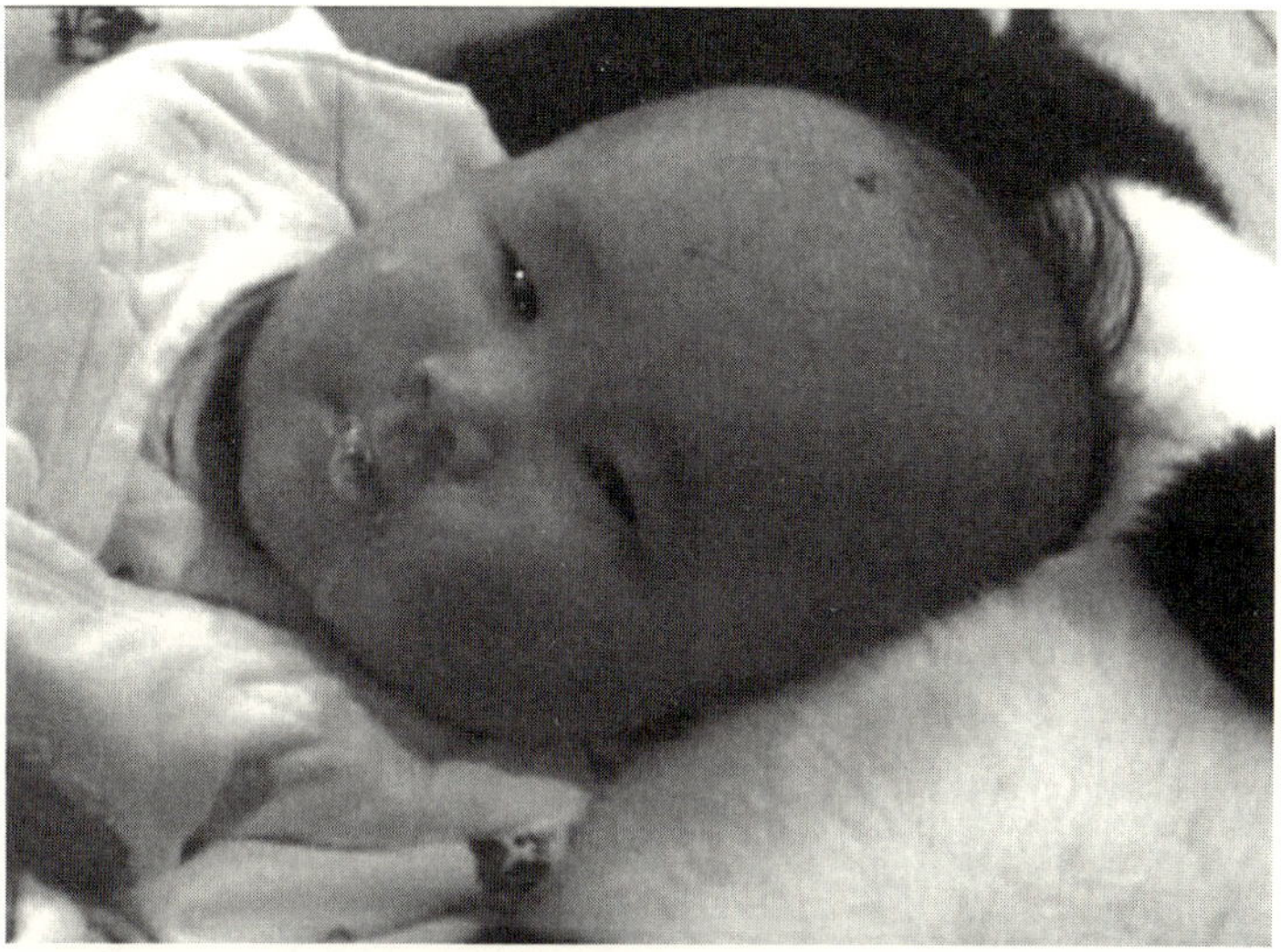

5ヶ月：「桃の子太郎」の語りに合わせて口からぷくぷく泡をとばす

5ヶ月：『たんたんぼうや』をじっと見る

動きを見ている間に、おもわず引き込まれるように、自分の口も動かし始めるのだと思われます。

その他、『もこ　もこもこ』（たにかわしゅんたろう・さく／もとながさだまさ・え／文研出版）は、擬態語のみの言葉でテクストが進行しますが、わたしが「もこもこもこ」とリズムをつけて語りかけますと「あはっ！」とか、「んぐっ！」と、息を吐くような笑い声を出して語り手に笑いかけました。

『たんたんぼうや』（かんざわとしこ・ぶん／やぎゅうげんいちろう・え／福音館書店）には、「たんたんぼうやが　あるけば　たんたん　あとから　だれかも　たんたんたんたん」や「きゃっきゃっ　おさるが」、「ぴょんぴょん　うさぎが」などの擬声語、擬態語がたくさん含まれており、リズムのある文章をもっています。擬態語などのところでふわっと柔らかい表情を見せるものの、「桃の子太郎」と異なり、しきりに意味を探るような認知型の見方をしていたように思います。この頃から、絵をじっと注視をしたり手を出すなどの行為をすることがありますが、これは絵本以外のものにも同じ動作をしますので、何か「絵本が特別」というような意味づけをすることは難しいと思います。ただし、動物の顔や靴など、描かれた絵にも具体物と同じような意味を見出しますので、赤ちゃんは他の動物とは明らかに異なります。

（2）「桃太郎」のお話を反応も豊かに6分間集中して聴く

さて、ソウイチさんとわたしとの信頼関係も十分にできた10ヶ月になったばかりの頃、前回の5ヶ月のときとは異なり（そのときは関敬吾のテクストをそのまま正確に語る）、普通の日常会話の延長のような雰囲気で、オノマトペ（擬声語・擬音語・擬態語など）やジェスチュアーも入れつつ「桃太郎」をゆっくり語って見せました。すると、驚くほどの集中力で、ほぼ6分間にわたり聴き続けました。

桃太郎が生まれたときの「オギャアオギャア」の擬声語には、アハハハと全身で大笑いをしました。続いて、「桃太郎は一杯ご飯を食べるとムクッと大きくなり、二杯食べるとムクムクッと大きくなり、三杯食べるとムクムクムクッと大きくなりました」のところでは、そのつど三回ともさも愉快そうな表情で、全身を揺すって笑い転げました。犬（ワンワン）や猿（キャッキャッ）、キジ（ケンケン）の鳴き声にも、笑い声で強く反応しました。

途中少しの注意散漫はあるもののあまりの集中に、話し手のわたしのほうがこんないい加減な話し方で良いのだろうかと恐縮するほどでした。意味などまったく理解できないにもかかわらず、軽く口を開けたままの姿勢で、どうしてこんなにも真剣に昔話を聴こうとするのか、とても不思議な感覚にとらわれました。信頼するおとなが正面から向き合い言葉で何かを伝えようとすると、懸命にその意味を読み取ろうとする赤ちゃんの強い意志と好奇心を感じました。

大学生に「赤ちゃんはいつから物語が聴けるようになるか」と尋ねると、多くの学生は3～4歳くらいからと答えます。しかし、この映像記録を見せると、学生たちは困惑します。「聴くとは何か」、「聴くことの始まりは何か」ということを考えさせる、よいきっかけになります。

このように、まったく意味が分からないと思われる10ヶ月児が、昔話に集中する様子を眺めていると、

10ヶ月：「オギャアオギャア」の擬声語にはアハハハと全身で大笑い

10ヶ月：軽く口を開けたままの姿勢で，語りの言葉に集中する

チョムスキーの理論を基礎に「人間が話すことは本能であって、創造的な学習や文化の産物として生まれたものではない」という、酒井邦嘉の言葉に大きな説得力を感じます。(1)

さて、わたしはソウイチさんが2歳7ヶ月のときに、10ヶ月のときとほぼ同じ内容と語りの方法で「桃太郎」を聞かせたところ、ほとんど反応はありませんでした。彼の母親が側でその様子を眺めていましたが、そのときの彼の態度を、「意味を取ろうとするけれどほとんど分からず、どこかにオチがないかとしきりに探しているように見えた」とのことでした。たしかに、意味の世界へ入り始めた彼には、桃太郎の語りは中途半端であり、内容がつかめないままに困惑しているようでした。その代わり、一日の終わりに、彼がその日に経験したことを、「きょうは、うみにいったねぇ」などと日記風にゆっくりと語ってやると、とても興味を示し、熱心に最後まで聴くということは、十分にできるようになっていました。

2 オノマトペ（日本語の音韻・リズム・メロディ）への集中

（1）『もこ　もこもこ』は、いまや「赤ちゃん絵本」

『もこ　もこもこ』（たにかわしゅんたろう・さく／もとながさだまさ・え／文研出版）を最初に見せたのは5ヶ月の頃で、そのときは「もこもこ」と読むと「あはっ！」とおかしそうな表情を浮かべ、顔をくしゃっとさせて笑いました。それから5ヶ月経って反応は大きく異なったものとなりました。「桃太郎」の話をした頃と同じ10ヶ月になったばかりの時期にこの絵本を再び見せたところ、もう「絵本どころではない大騒ぎ」の状況が引き起こされてしまいました。

最初の見開きには紫色の地平線があり、「しーん」という文章のみが右上にあります。二つ目の見開きにはその地平線から「もこもこ」とふくれ上がる黄色みを帯びた柔らかい半円形の物体と、「にょき」と小さい茸のような形が現れます。

あとは、これらのチューインガムのような風船のような形の物体が、ページをめくるたびに大きくなり「もこもこもこ」、「にょきにょき」と擬態語の繰り返しも増えて行きます。そして「もこもこもこ」

10ヶ月：「もこもこもこ」という擬態語に，両手をばたつかせて反応する

は「にょきにょき」を「ぱく」と食べてしまい「もぐもぐ」となりました。やがて「もこもこもこ」から小さな赤いガム風船のようなものが「つん」と飛び出し、「ぽろり」と地上に落下、「ぷうっ」とふくらんで画面いっぱいの大きさになり「ぎらぎら」と赤と黄色の光を放ちます。やがて「ぱちん！」と壊れると、三角のクラゲのような形になり「ふんわ　ふんわ……」と降るように落ちてゆきます。そして、最初の見開きと同じ「しーん」の場面が現れて、エンドレスで循環して行くことが暗示されています。

ソウイチさんは10ヶ月のときに、わたしの読み聞かせを、お座りの姿勢のまま聞いていましたが、「しーん」以外の場面で、めくるたびに大笑いし、「キュウー」と奇声を上げ、手足をばたつかせて全身でおはしゃぎ反応を繰り返していました。興奮のあまり、ついにはクマのぬいぐるみが後ろにひっくり返るような姿勢で、自らも後ろにでんぐり返りそうになり、危うく側にいた父親に支えてもらいました。もちろん、読み手の擬態語の響きが誘発する面白さもあったとは思いますが、それ以上に、読み手が放つリズムや音韻と交流しようとする強い意志が見られ、身体ごと共鳴しているように見えました。

とにかく絵の変化とそれを表す擬態語の連続に大興奮が始まり、「笑う準備はできているぞ！　さあ何でも来い」といった様子でした。赤ちゃんの反応が読み手の読みにリズムやメロディを生み出すことを促し、相乗効果の中で、わたしは煽られっぱなしとなりました。ソウイチさんが教えてくれた読み合いでした。他の赤ちゃんによっては、まったく異なった読み方もあるでしょう。要するに赤ちゃんへの絵本の読み聞かせは、おとな＝読み手、子ども＝聞き手ではなくて、双方のやりとりやリズムの中で決まってゆくということです。赤ちゃんも、立派な自立した読み手なのです。

この絵本のテクストを作った谷川俊太郎は、この絵本が赤ちゃんに受け入れられた理由を次のように述べています。(2)

それら［絵本：筆者注］は必ずしも子ども時代を描いたものではありませんが、おとなたちの頼る「意味」の世界に対して、意味以前の「存在」の手ざわりを絵と言葉を通して表現しているのではないかと自負しています。……（中略）……絵本を認識のためのひとつのてだてと考えるとき、絵本のもたらすイメージとヴィジョンは言葉のもつ意味を超えて子どもたちに、そしておとなたちにも訴えかけるとわたしは信じています。

このように、赤ちゃんは従来であれば手遊びや指遊び、それにわらべ唄を通して保証されていた自然で原初的なコミュニケーションが断たれたため、それに近い機能をもつ心地よいリズムやメロディをもった絵本に引き寄せられていったと考えられます。

佐々木幹郎は、「意味捨てて鳴る柔らかな音」というコラムで、次のように述べています。(3)

詩を書いている人なら、一度はこんな実験をしたいと思ったことはないだろうか。言葉を超えた言葉の世界を、文字だけで生み出していく。意味が捨てられたところで、一定の旋律を保って鳴る。最初から最後まで緊張感に満ちた詩集だ。

また、『もこ　もこもこ』は何かが生まれ破壊され消えてゆくという、存在するものすべてがもつ循環を描いています。

佐野史郎も、自身が好きな絵本『どんどんどんどん』(片山健／文研出版)を評し、「ただ存在して、ただ何かが起こって終わっていく、あるいは続いていく。その美しさ。」(4)と述べています。

『もこ　もこもこ』は、2歳1ヶ月のときには文字は読めなくても、十分ひとりで記憶による読みが可能になりました。「もこもこ」は「ぽこぽこ」へ、「にょきっ」は「あきっ」という発音になってしまいますが、「あきっ」のところでは、両手をキラッと一回転させてお星さまが光る動作、「ぎらぎら」ではもっと激しい振り、「つん」では身体を傾け、「ぱちん！」ではその見開きの中央をたたくなど、きわめて身体的な読み方になりました。

それならばということで、わたしが絵本抜きで「もこもこもこ」のパフォーマンスをしてみたところ、すぐにその意図をつかみ、一人でも十分に演じることが可能でした。

この絵本ではオノマトペが効果的に使われており、表紙のタイトル自体も「もこ　もこもこ」と書かれています。最初の「もこ」の「こ」が少し弾んだように右上にずれていますので、読み手は当然、最初の「もこ」の「こ」を少し大きく発音し、後に続く二つの「もこもこ」は、弾むように読みます。

オノマトペには、擬声語（動物の鳴き声や人間の声を模倣してつくられた語）、擬音語（声以外の自然界の物音を模倣してつくられた語）、擬態語（動作の様態や事物の状態を象徴的に描写してつくられた語）、そして、特に人間の心理状態である「いらいら」、「うきうき」などを象徴的に描写する「擬情語」があるといわれています。(5)

オノマトペは「それ自体で出来事全体を表すことができ」、「臨場感に溢れるヴィヴィッドな描写力や語呂のよさ」をもっているので、赤ちゃんはまだ言葉が理解でなくても、音の響きやリズムから、瞬時にその状態をつかみ反応します。

「ぎらぎら」の響きは「きらきら」よりも迫力があり、実際この見開きの絵を見て驚き、逃げ出した幼児もいました。また、「ぎらぎら」とふくれた大きな赤玉は、絵本の中では「ぱちん！」と優しくは

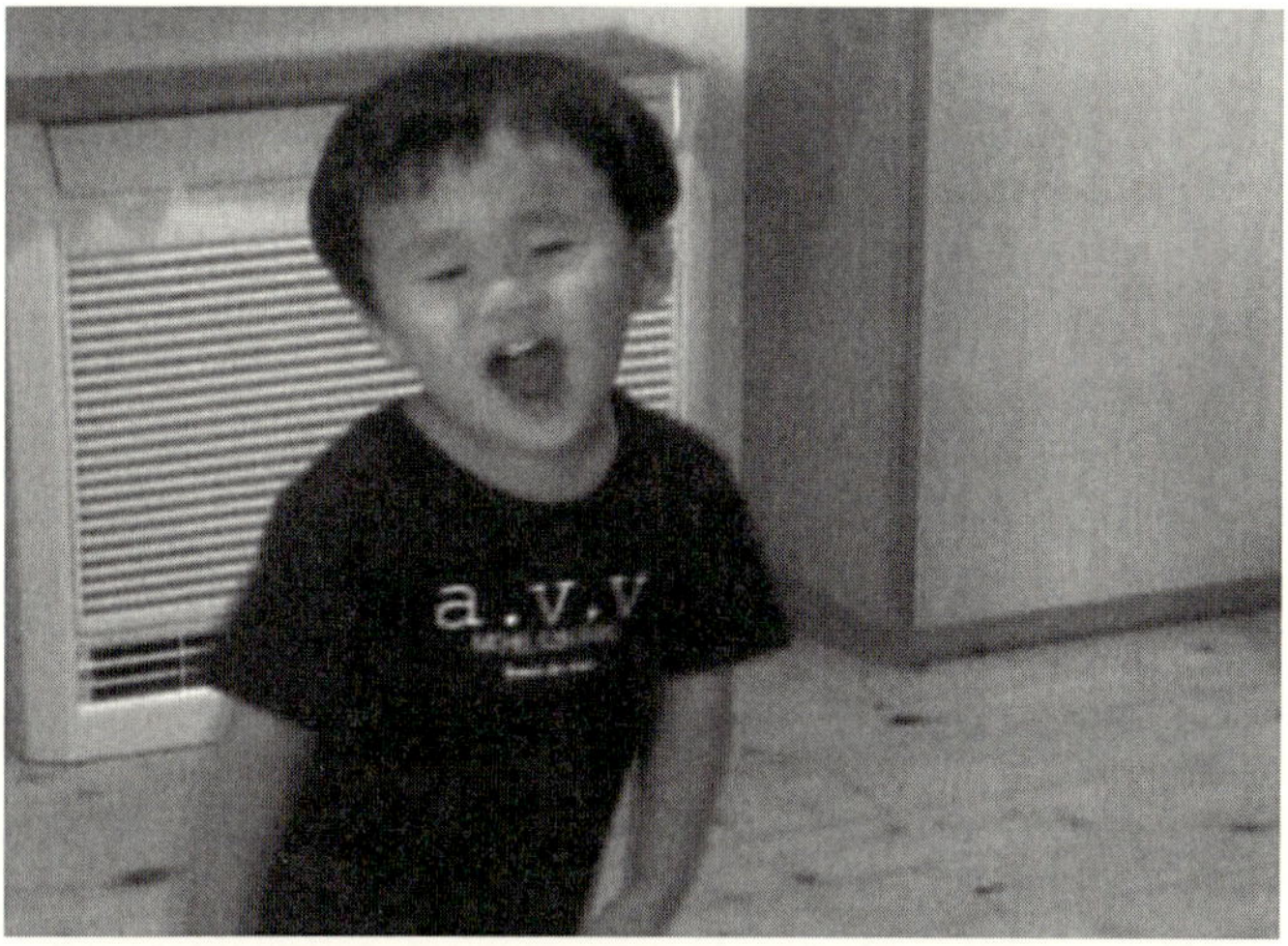

2歳1ヶ月：「ぽこぽこぽこ」と言いつつ，しゃがみの姿勢から上に伸び上がってくる

2歳1ヶ月：「ぎらぎら」と言いつつ，身体を全身で揺する

じけるのですが、絵を見てしまった読み手は思わず「ばちーん!!」と絶叫してしまうことがあります。じつは、わたしもかなり大げさに表現してしまいました。そして、それがそのまま、ソウイチさんに伝染してしまったことは言うまでもありません。

ソウイチさんは、おしゃべりがかなりゆっくりと成長するタイプですが、その分言葉は、意味の記憶だけから入らずに、音や身体表象などをともなって成熟するようで、言葉の意味は深みをもったものになっているようにも見えます。言語表現の発達の早さと思考スタイルとの間に、何かの関連がありそうにも見えますが、絵本との関わりで後ほど述べてみたいと思います。

「絵本を通して意味の世界へ」と順調に歩む子どもの場合は、比較的言葉の発達が早い子どもですが、逆に言うならば、これらの子どもは、既成の意味の世界へと早く囚われてしまうということにもなるでしょう。

1歳5ヶ月頃のソウイチさんの言葉の特徴は、一語文や二語文よりも、むしろジャーゴン(jargon)がよく出ていたとのことです。彼の母親はそれを「ソウイチ語」と呼び、遊んでいるときや本を一人読みしているときにもよく出ていたようです。わたしがビデオに収めたのは、突然、彼がこたつのそばに置いてあった雑誌『論座』を開いて、自分で読み出したのを目撃したときです。前述しましたように、赤ちゃんの「読書」はいつも唐突で、読みたいときが読む時期であり、わずか数分で終わってしまいます。年に数回出合うときは必ずカメラをスタンバイさせているのですが、それでも間に合わず、ずいぶん「名場面」を逃したことがあります。

1歳5ヶ月：『論座』を朗々と読む

自分でページをめくったり母親にめくってもらったりしながら、ほんとうに「上手」に祝詞をあげるように読み続けていました。本はめくりながら次に進むものという概念もすでに習得しており、この映像は3分くらいしか収録できていませんが、講演や研究会などで使うと、いつも爆笑が起こります。

教室で学生たちに「子どもはいつから本を一人で読めるようになるか」の質問をしたあと、前述の「赤ちゃんはいつから物語が聴けるようになるか」の「桃太郎」のときと同じようにこの映像を見せ、わたしが「ほら、読んでいるでしょう」と言うと、多くの学生は困惑していました。

（2）『ちへいせんのみえるところ』

彼が『ちへいせんのみえるところ』（長新太／ビリケン出版）に出合ったのは、1歳2ヶ月のときでした。外出先の喫茶店で、母親がその店においてあったこの絵本をなにげなく手にとって見せたところ、最初の地平線のみで何も描いていない見開きには無反応でしたが、二つ目の見開きの「でました」という言葉と絵（小さな男の子の顔のみ）に突然大笑いをしました。その後「でました」のみの文章を読みつつページをめくるたびに、その笑いは爆発的になり、最後はあまりのすごさに、息が止まるのではないかと心配したと言います。喫茶店の客は、全員がソウイチさんの大笑いに驚き、何事が起こったのかという雰囲気であったとのことです。

ソウイチさんがこの絵本を読んでもらっている様子をわたしが観察したのは、それから一ヶ月後で、彼が1歳3ヶ月のときでした。絵は、灰色のだだっ広い平野が見開きいっぱいに描いてあり、画面中央よりやや上に黄色の地平線が一本描いてある、ほんとうに地味なものでした。幼い子どもには、「明瞭な輪郭と明るい色彩の絵が好まれる」という従来の定説を遙かに超えたものです。

ページをめくるたびに、象の顔のみ、火山の爆発、難破船（?）、画面の三分の一くらいを占める鯨、ついで画面の半分の大型客船……と特に脈絡なく続き、絵は青・黄色・緑等が基調になった寒色でほぼ統一されています。彼の母は、「でました」の言葉にけっして大げさなジェスチュアーをつけるわけではなく、むしろ淡々と静かに読んでいました。

わたしは、ソウイチさんがこの絵本に惹かれるのは、もしかしたら「でました」という言葉のリズムであり、描かれた「絵」そのものではないのかもしれないと考え、まったく別の図鑑風の絵本を「でました」という言葉とともにめくってもらいました。すると、彼はなんとも不思議そうな顔をするだけで、まったくの無反応でした。絵に意外性がない図鑑なので、リズムが生じなかったのでしょう。

何度も繰り返して読むことを要求する彼の様子を観察していますと、地平線のみで何も描いてない画面と後半に描いてある大きなビルディングのみは無反応ですが、それ以外の場面では手をたたいたり大声で笑ったりします。特に「でました」の言葉には、そのつどリズムに合わせて身体をキュッと縮め、さもおかしそうに、「あはっ!」とか「きえっ!」という奇声に近い声を上げていました。

特に、難破船、ゾウやクジラ、氷の上のペンギン、水たまりの中の小さなサカナなどの場面になると、「そうだこれなんだよなこれが現れたんだよ、おかしいじゃないか」といわんばかりの表情で、そのページをドンと手でたたいたりポインティング（指さし）をしたりしました。

ソウイチさんは、これ以外の長新太の「ナンセンス絵本」も大好きで、物語絵本にはあまり興味を示さないとのことです。その様子は、絵本の絵を認知・命名し、部分読みから全体のストーリーの流れへと徐々に移行してゆく、事物認識型の読み取りとはかなり異質なものです。

『もこ　もこもこ』はまだしも、この『ちへいせんのみえるところ』は、多くのおとなにとって、なぜこんなにも赤ちゃんが喜ぶのか非常に分かりづらいようです。「でました」という文章だけのナンセンス絵本であり、赤ちゃんにとっては「何が出たのか」はあまり興味がなく、「出た」という緊張と弛緩のリズムが、とにかく面白く愉快なようです。

この絵本の作者である長新太は、読者層は若者に想定していたと述べ、なぜ地平線なのかと言えば、地平線は普段の生活ではなかなか見られないものであるからだと、述べています。(6)

それで、まず地平線というものを設定したわけですね。地平線というものを第一義的に置いてね、……(中略)。そうすると漫画の発想ってのは意外性を重視するわけですね。もっと別な言い方をすると奇想天外といいますかね、それでユーモアがあって……。それにはどうしたらいいか、地平線を舞台にして地平線から予想外の物が発作的に出てくるというか、シュールな感じで出てくるというか、そういうようにしようかなってのがまずあって、舞台劇みたいに地平線ていうのが始終あって、その間、映画の映像的なものでいうとフラッシュ・バック、パッパッパッと変わる手法がありますね。そういうかたちでいろんな物を、予想外の物を毎ページ出していって面白いものをつくろうかなと思ったわけなんですけどね。だから、1ページ1ページが、それは見る人の側では1分見ていたって2秒見ていたっていいんだけども、ぼくの発想としてはね、まばたきするような感じで毎ページいろんな物が出てくるようなものをつくりたかったのね。

長新太の「まばたきをするようなかんじで毎ページいろんな物が出てくる」という表現を聞くと、わ

1歳3ヶ月：難破船の見開きのところで，ポインティングをする

1歳3ヶ月：氷の上のペンギンの見開きで，手をたたく

たしにはおもわず、赤ちゃんの好きな「いないいないばあ」が思い起こされました。

赤ちゃんの笑いは、いつも意外性や安心感のある驚きをともなって表出されるものであり、「でました」という緊張感のある言葉と、めくりにより現れる意外性のある（脈絡のない）ものが、赤ちゃんに面白さやおかしさを生じさせるのでしょう。

考えてみれば「ちへいせんのみえるところ」と「いないいないばあ」は、水脈を同じとする手法をもつものであることがよく分かります。それゆえ、これらの絵本を赤ちゃんと読み合うとき、描かれた内容を「解説」することは、そのリズムを壊すことを知る必要があります。「いないいないばあ」の絵本を読みつつ「にゃんにゃんにひげがあるね」と付け加えると、赤ちゃんは「いないいないばあ」のリズムと緊張感から離れ、対象の命名に注目する認識型の絵本として見てしまう場合があります。これは、ナンセンス絵本の絵をいちいち解説するのと同じくらいの愚を犯すことになります。

しかし、最初は心地よい緊張感で「でました」と、リズミカルにめくっていても、やがて慣れの中で緊張感が続かなくなると、背景や描かれているものへと興味が移り始めます。これは、読み手も聞き手も同じことです。

ソウイチさんは、2歳2ヶ月の頃から一人読みのときに命名を始めました。男の子の顔のところでは「ソウちゃん」と自分の名前を言い、あとゾウ、サカナなど分かっているものを順に命名してゆきます。それと同時に、読み方や口調・音韻・リズムにも彼独自の工夫が見られ、大きいものが現れると「でました！」と大声で言い、一番小さい池の中のサカナにはとびきりの小さい声で「でました」と秘おしそうに読みます。淡々とした命名とは異なり、彼のこの読み方は絵本への解釈と意味づけが十分に育っている読みとみました。

このように彼の場合は、絵本を読むことは文字を読むことではなく、自分がそこから読み取った心や思いを表現することであることが分かります。絵本を「ものの絵本」から入り、対象を認知・命名するような順序で意味の世界へとたどる、ストーリー解釈型の路線を歩まなかったソウイチさんです。その代わり、日本語のリズムや音韻、メロディが生み出す面白さや、ナンセンス絵本がもつユーモア感覚を身につけていったようです。

ちなみに、3歳近くになってもときどきおしっこが漏れてしまうソウイチさんに、わたしが『ぷくちゃんのぱんつ』（さく・ひろかわさえこ／アリス館）を、プレゼントしました。ぷくちゃんがおしっこを漏らしつつも、お母さんにゆったりと励まされておしめから卒業する様子が、ユーモラスに描いてある絵本です。彼は、ぷくちゃんがおしっこを何度も「じょじょじょーん」と漏らす姿に大笑いし、とても気に入っていました。正確でなくても、一人で記憶読みもできるようになりました。

しかし、3歳を過ぎても、まだときどきおしっこが言えなくて失敗するソウイチさんにお母さんが、ある日、この絵本を一人で読んでくれるように頼んだところ、その意図を察した彼は反撃に出ました。その頃、彼は、やはりわたしが2歳半の頃プレゼントした『たこをあげるひとまねこざる』（文M・レイ／絵H・A・レイ／訳光吉夏弥／岩波書店）が大好きになり、文章もかなり暗記していました。同じシリーズの絵本も購入してもらい、繰り返し読んでいました。

さて、彼はおもむろに『ぷくちゃんのぱんつ』の最初の見開きを開くや、『たこをあげるひとまねこざる』のテクストで読み始めたのです。「これは　さるの　じょーじです。なかよしの　きいろい　ぼうしの　おじさんの　いえに　すんでいます」と読み、『ぷくちゃんのぱんつ』を、最初の見開きだけで放り出してしまいました。

ぷくちゃんの黄色いぱんつと黄色い帽子とを引っかけたのかどうか分かりませんが、まさに『ぷくちゃんのぱんつ』の意味を、破壊してしまったのです。わたしは、その様子をビデオで見て驚いてしまいました。もともと、教訓臭のする絵本は大嫌いな彼でしたが、こんなにも見事な意思表示の方法に感心してしまいました。

また、同じく3歳になったばかりのとき、空き箱をくりぬいたトンネルに自動車を通す遊びを繰り返していたときのことです。そばで黙って見ていたわたしに向かって、トンネルからゆっくり自動車を出すやいなや「でました！」と言い、わたしに笑いかけました。その笑いの意味は、一緒に『ちへいせんのみえるところ』を読んだあなたなら分かるだろう、というものでした。わたしは、おもわず「真っ暗闇のトンネルからやっとでたんだね」という了解のもとに、大笑いをしてしまいました。今後、これらのナンセンス絵本は、彼の中でどのような成長を遂げるのでしょうか。

（3） 身体表現や童謡が好き

ソウイチさんはリズムに乗って歌ったりリズミカルな身体表現がとても好きで、1歳5ヶ月から通っている保育園でも、一番のりがよいと言われているようです。

2歳1ヶ月の頃、母親に依頼し、現在、ソウイチさんが知っている童謡の数を確かめたところ、全部で53曲ありました。しかし、一人で完全に歌えるのは「きらきらぼし」、「こぶたたぬききつねこ」、「ことり」の3曲のみで、多くの歌は最初の出だしのフレーズであったり、詩の最後の音であったりします。リズムとメロディで形を抜き取っているらしく、特にメロディが一段落する最後の音は、素早くだめ押しのように歌います。

たとえば「むすんでひらいて」の場合だと、「(むすん)で、(ひらいて)て、(てをうっ)て、(むすん)で」のようです。これは絵本を読んでもらっているときもよくするやり方で、お話のテクストを言葉として記憶に止めているのですが、それがおとなのように滑らかに出ないために、最後の「……でした」というところを唱和したりします。

つまり、言葉を音節分解して50音のようにばらばらに言えるのではなく、文章をリズミカルなメロディのように、かたまりとして記憶していることが分かります。

3　電車と自動車絵本へのあくことなき執着

（1）　1歳11ヶ月頃から、雑誌『鉄道ジャーナル』の定期購読者になる

ソウイチさんは多くの男の子に見られるように、見事に電車や自動車にはまりました。朝の食事が終わると、まっしぐらに玩具の箱から気に入った自動車を引っ張り出して、床の上をはいずり回ったり、タンスやテーブルの隙間に身を入れるようにして、車を出したり入れたりすることの繰り返しです。

いつも一緒にいるわけではないので、彼の生活に自動車や電車がどのようなきっかけで入り込んだのか、まだ詳しく記録が取れてはいませんが、幼児向けの絵本では何かもの足りないらしく、この頃にはおとな用の本格的な鉄道の雑誌に興味をもったようです。読み方も、もっぱら細かな差違を弁別・認知しては「西武鉄道国分寺線」とか「山手線」、「埼京線」、「東海道新幹線」などなど、おとなを相手に競います。おとなが間違うと「ブー」と警告を発し、逆にやり返すと恥ずかしそうな表情を浮かべます。

わたしがクリスマスの頃、プレゼントした大型の美しいポップアップ絵本『ナイト・ビフォー・クリスマス』（サブダ・さく／ムーア・し／きたむらまさお・やく／大日本絵画）も、あっという間に、雪で真

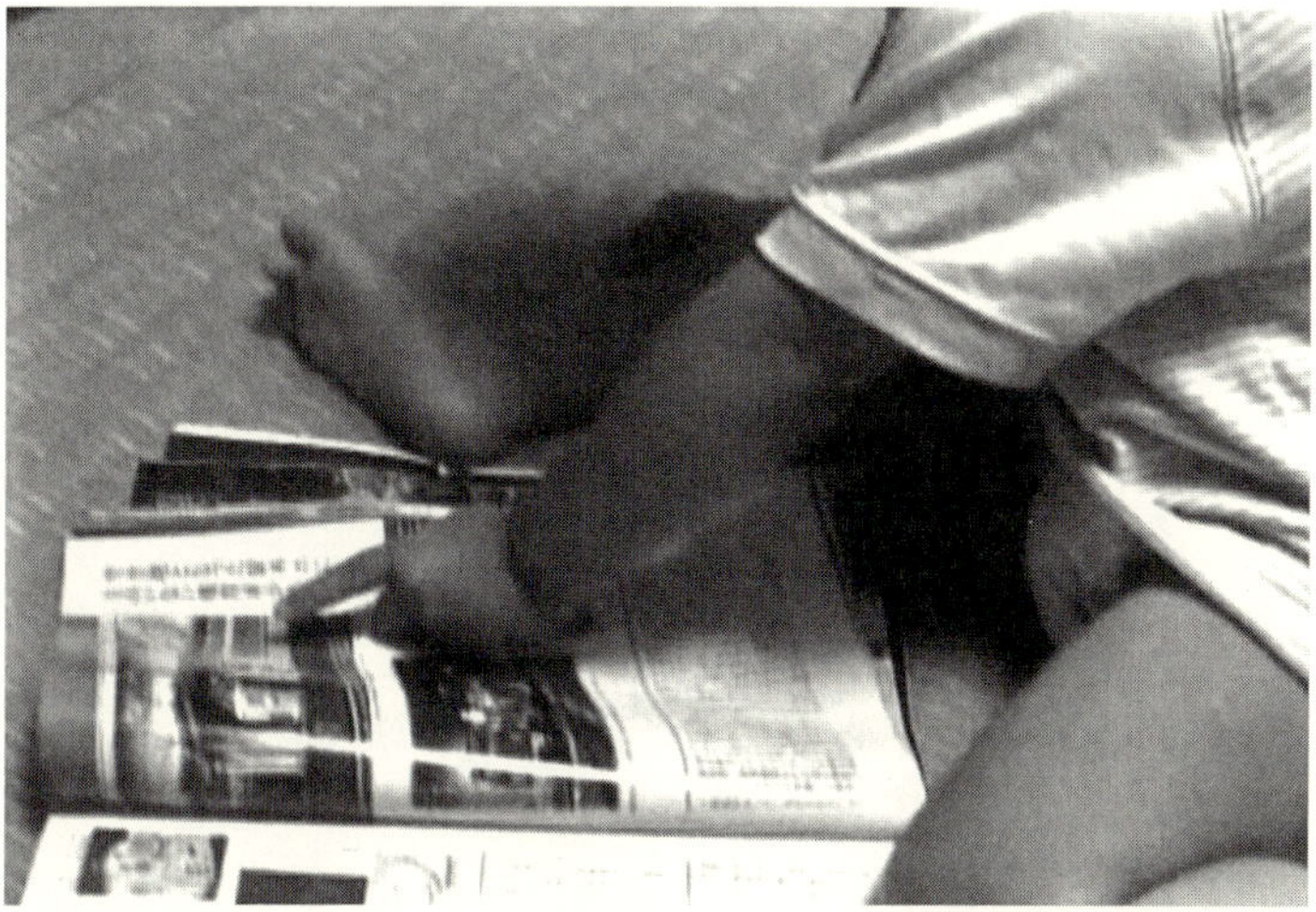

1歳11ヶ月：『鉄道ジャーナル』の電車の車種や路線名を言う

2歳2ヶ月：毎日毎日車を触り動かし，擬音を入れて黙々と遊ぶ

2歳4ヶ月：ポップアップで浮かび上がった雪の街に，自動車を走らせる

っ白に浮かぶ街に自動車を走らせました。

絵本のサイトを立ち上げている田中尚人は、自分と同じように電車・自動車に熱を上げる息子について「やっぱりオマエもか！」というエッセイの中で、次のように述べています。(7)

ボクがチビのころも、ミニカーとプラレールとレゴにハマリまくった過去があるだけに、自分の子どもには別の選択肢があってもいいのでは、とかねがね思ってた。なにしろ、スタート地点が一緒だと、大抵同じ路線の上を歩むことになることが分かっているからね。とにかく単純なんだ、男の脳みそって。

コースはわかりきっている。最初は、消防車やパトカーに反応し、やがて働く自動車や特急列車。3歳くらいから虫に興味が出てきて、恐竜とか海獣へ、というおきまりのコースだ。こ

の間、自動車への情熱が消えることはまず、ない。（中略）
考えてみれば、オトコの赤ちゃんの指向性は、暴走族のヤンキー兄ちゃんと、とてもよく似かよっている。つまりクルマに求めるものが、「ハデ」「音がでかい」「ハイパワー」という3大仕様。それって、パトカーや消防自動車と一緒。これに動きの楽しさが加わると、パワーショベルやブルドーザなどの働く乗り物になるわけ。

田中は、オトコのクルマ好きは300円のミニカーと300万円の愛車の違いに過ぎないと言い放っていて、笑えてきます。

しかし、現在のソウイチさんの成長を眺めていると、まさにそのとおりの路線を歩んでいると思えなくもありません。わたしは、何人もの男子学生を捉まえて「なぜ、子どもの頃自動車が好きだったのか」を厳しく追究していますが、いまだに説得力のある理由に出合ってはいません。「好きだから好きなんだ」ということなのでしょう。

（2）はじめての長編幼年童話『ぺんぎんたんけんたい』

この幼年童話『ぺんぎんたんけんたい』（斉藤洋・作／高畠純・絵／講談社）に出合ったきっかけは、2歳過ぎに出合ったテレビの番組だと母親から聞いています。この童話の文章にもリズミカルなオノマ

2歳5ヶ月：『ぺんぎんたんけんたい』を熱心に最後まで聴く

トペがあり、おそらくはそのことも、彼が惹きつけられた大きな理由だと思います。挿絵入りとはいえ、76ページにおよぶかなりの長文ですが、じっと父親が読む文章を聴いています。

この場合、この物語の意味はほとんど理解しており、そろそろ絵本も童話もという時代へ入ったのかと思われます。

その他、『てぶくろ』（ウクライナ民話／ラチョフ・え／うちだりさこ・やく／福音館書店）や『はらぺこあおむし』（カール・さく／もりひさし・やく／偕成社）など、多くの幼児にとって好まれる絵本も好きで、保育園や家庭で数多く読んでもらっているようです。

ここに述べた絵本記録はほんの一部であり、まだまだ分析し切れていないデータが数多く残っています。特に、電車や鉄道好きから駅で電車の発車合図として流されているビバルディの曲に執着し、CDを買ってもらってじっと一人で聴いている様子などを見ると、彼の生活の広がりのかなりの部分が「電車からはじまる」といった感がないわけでもありません。

野崎歓も、自身の長男が寝ても覚めても「でんちゃくん」一辺倒の勢いの生活をユーモアたっぷりに描写する中で、次のように述べています。(8)

> 一歳十ヶ月で特急百点を丸暗記、新幹線の500系だの700系だのを難なく見分け、井の頭線富士見ヶ丘駅における運転士、車掌の交代シーンを楽しみにし、吉祥寺駅で頭上を走り抜けた「あずさ」の華麗な姿に仰天、最近では九州新幹線「つばめ」誕生に深い感銘を受け、「栄光の列車つばめ」だの「新しい一ページをくわえていきまちゅ」だのと、録画して繰り返し見直している特集番組のナレーションの文句をわがものとするに至っているのである。

そして、野崎はジャック・ラカン博士のいわゆる「鏡像段階」に続いて（あるいはそれと並行して）、赤ん坊は自我の形成においてもう一つ、重要な段階を経る。「電車段階」ないし「乗り物段階」がそれだ、と述べています。

このことは、百年の男の歴史のなせる技なのか、もっと深いDNAの問題なのか、女の子の人形と合わせて検討する必要があると思います。

4　赤ちゃんと絵本を読み合う姿勢について

幼い子どもたちが絵本を読み聞かせてもらっている様子を描いたロゴなどを見ていますと、かなり多くの場合、子どもはおとなの膝の中にすっぽりと入り、一方向を向いておとな→子ども→絵本という姿勢を取っているものが目立ちます。わたしは、この読み聞かせの姿勢についていつもクレームを付けているのですが、なかなか理解をしてもらえません。もちろんそのような姿勢のときもあって良いとは思うのですが、やはり子どもが幼ければ幼いほど、本と子どもとおとなの位置は、三者が三角関係で見えているほうが適切だと思います。

なぜならば、赤ちゃんにとっての絵本とは、意味の世界へと入る前におとなとの間でコミュニケーション回路を創り上げるためのものであり、おとなと赤ちゃんを「つなぐものとしての絵本」なのですから、読み手と聞き手の顔がお互いに見えないというのは問題だと思います。絵本をめくりながら表情を通して、視線を通して、ジェスチュアーを通して、言葉の抑揚・音韻・リズム・メロディを通して向き合う者の二人の心は通じ合い、その繰り返しの中で、お互いの理解と信頼は育まれていくからです。

長年、ナーサリーライム（nursery rhyme）の研究を続けている鷲津名都江が、このことをある座談会の中で指摘しているのに出合いました。英語圏の人々にとってナーサリーライムを歌うことは、日本人がわらべ唄で習得すると同じように、英語の音韻やリズムの習得の基礎となっています。(9)

[日本で：筆者注] 膝に乗せて遊ぶ歌なんてたくさんありますが、日本人は、大抵、子どもの顔を向こうに向けませんか、膝で揺らすときに。……(中略)……ところが向こうでは必ずといってよいほど対面なのです。そういうようなことがなかなか分からないですね。

ちなみに、欧米の絵本の中で父母が読み聞かせている場面を集めてみると、かなりの描画が、わたしの主張するような対面方式になっています。

第2章

赤ちゃんの反応に驚く

――「こーれは楽しいぞ！」

こっちも楽しくなっちゃうから、こう次から次って、じゃ今度この絵本はどうなんだろうとか、この歌うたってみたらどうなんだろうって。で、興味示さない絵本とかも、たくさんあったんですけど、なんか楽しいなと思いましたね。子どもって、子どもっていうか赤ちゃんって面白いなーって。

語り手　北村弘子さん（42歳）
聞き手　佐々木宏子
インタビュー対象児　北村梨華さん／女（5歳3ヶ月）平成10年11月4日生
実施日　平成16年2月21日（土）13時30分～14時00分

1　赤ちゃんはオノマトペをリズミカルに歌ってもらうのが好き

北　結構早いうちから読んでいましたので……。

佐　あ、そうですか。えーっとたとえば、これ（『かさしてあげるね』はせがわせつこ・ぶん／にしまきかやこ・え／福音館書店）は、何ヶ月くらいからですか？

北　うーん、これはもう……6ヶ月くらいから読んでましたね。

佐　何が一番気に入ってらしたんでしょうか。

北　あのね、そうですこの音。「ピッチャン　パッチャン」とか。あとこれですね、この辺全部。

北・佐　（一緒に）「ピロリン　ポロリン　ピロリン　ポロリン」（リズムをつけて）。

北　とか。「ピピ　ポポ」とか、その辺になると反応が、かなりあって。で、自分でも言うようになりました。

佐　言うようになりますよね。たとえばあの、「ピロリン　ポロリン」とかって言うと、何かワーッとジェスチュアーが出るんですか？「シッポ　シャッポ」とか、こう行動っていうか、表情とかで。

北　あ、喜んでましたよ、うん。そのうち一緒になって、こう音ですよね。まだ、しゃべれない頃は。

佐　擬音語とかね、擬態語とかね。

北　うん、そうですね。

佐　なんかワーッて言ったり叩いたりとか、そんな風なこともありましたか？

北　顔は嬉しそうに笑ったりとか、そこの音のところにくると。

佐　たとえばどんな風な抑揚で読まれましたか？　たとえば「ピッチャン　パッチャン」。(ピッとパッの部分にアクセントをつける)。

北　あ、この読み方ですか？「ピッチャン　パッチャン」(同じように)とかですね。

佐　あーなるほどね。ピッチャンパッチャンですね。特に一番こう印象に残っててらして、すごく、気に入っててらしたページとかありましたか？　まんべんなく？

北　そうですね。うーん。今5歳で、これは今でも好きなので……。

●――オノマトペは心地よい響き

オノマトペを赤ちゃんが好む理由は、すでに第1章で述べました。谷川俊太郎は雑誌のインタビューの中で、次のように述べています。

あかちゃんの絵本の場合は、本当は、文字ではなく声や音であるべきだと思います。あかちゃんは、まだ文字をもっていないわけですから。そして、その「声」に合うのは、日常で使っている意味伝達のことばではなくて、おかあさんが赤ちゃんをあやすような、意味を超えた愛情のかたちとしてのことばがいいとぼくは思っています。(1)

擬音語・擬態語が混じった文章を、意味を考えずに音のみ聞くようにしてみてください。単調な音の連続の中にオノマトペのみが心地よく、明瞭なまとまりをもった音韻の形として浮かび上がってきます。おとなでもそうなのですから、意味がまったく分からない赤ちゃんにとっては、もっと鮮やかな印象を残すと思われます。

2　わたしが読んでいるのと同じように言いますね――言葉の母なる大地

北　今は、自分で読んでるんですけど。やっぱりこの辺は、この3冊（『かささしてあげるね』、『はりねずみかあさん』まつやさやかぶん／M・ミトゥーリチ・え／福音館書店、『ありのあちち』つちはしとしこ・さく／福音館書店）は今でも好きです。

佐　これも人気ありますね。
北　すごく大好きなので……ってか、赤ちゃんのときに一番反応見せたのはこれなんですよね。
佐　で、自分でも「よんでよんで」って持っていらっしゃる？
北　そうですそうです。これはかなり読みましたねぇ
佐　じゃあ、あれですね。6ヶ月くらいから5歳くらいまで延々と……。
北　そうです、長いですねぇ。
佐　今はもう自分でね、こう拾い読みができるというか。
北　でも聞いてると、あの、音がわたしが読んでるのと同じように言いますね。
佐　そのままもう抑揚を真似てね。お母さんと同じですよね、だからあの、よくあるんですけど、こう親の癖の変なところまで全部写し取ってコピーみたいに。
北　そうですそうです（笑）。
佐　「えー！」とか思うときありますけどね。絵で好きなところとかありましたか？
北　絵？
佐　この絵で、特に愛着を示したとか。
北　絵はねぇ、あのー絵は、こう傘さしてあげるとこありますよね、小さいアリさんだったかな……アリさんのところ（第6見開き）。
佐　とても好き？　なぜだったんでしょう。なんかイメージとしてよく分かるんだけど。

北　あーやっぱりアリ、小さいですよねぇ、小さいのにこう傘をさしてあげるっていうのが、何でしょうね、不思議だったんでしょうかねぇ。

佐　特にちいちゃいものにすごく愛着示しますからね、自分もちいちゃいからねぇ。特に自分（主人公）が、かぶらないで傘さしてるからねぇ。

北　うん、じーっと見てぇ……うーん、ニコニコしてましたね。

佐　あぁ、笑いながら、うん。「フー」とため息ついたりとかなんか（笑）。いろいろな見方があるんですけどねぇ。西巻茅子さんと長谷川摂子さんですか。一見、子どもが描くような描き方するんですよね、西巻さん。シャシャッと描いたようなかんじで……。特にこれは遊びの中に移していくとか、絵に描いちゃうとかの思い出ではなんかありますか。

小さいものへの愛着

絵本の中の小さい動物への愛着は、たくさんの子どもたちにも見られます。「ノンタン」シリーズの中の小さく描かれたハチや小鳥の同行者を、ストーリーの流れとはあまり関わりがないのですが、必ず指さし確認する子は多いものです。

また、おとなである読み手の口調やリズムの模倣は、日常生活でもほんとうによく現れます。子どもたちは字が読めないので、絵本を読んでもらわなければ何のイメージもわきません。何度も繰り返し読んでもらった後、一人でじっとページをめくって眺めていることがあります。こんなときはおそらく頭の中で、読んでもらっているときの読み手の言葉が音として再現されているはずです。したがって、次に自分が一人読みをするときは、その記憶の中に残っている文章を、口調やリズムもそのままに再現することになるのでしょう。子どもはすでに1歳くらいから、絵本に描かれた絵や文章を、おとなが「読んでいる」ということは学んでいます。親は自分でも気づかなかった癖を発見し、驚き、赤面することにもなります。

3 自分で絵本作りを始める

北 ええ、今でもそうなんですけど、絵本を作るのが好き。だから幼稚園でやってるオペレッタとかも、今「3びきのヤギのがらがらどん」みたいな、そういうのとかも全部自分で描いて自分で綴じる……それを聞かせてくれるんです（笑）。

佐 あ、お母さんに。それはいいですねぇ、ふーん、読んであげるわけですね。

北 そうです。だからそういうのは好きみたいですね。

佐 どれくらいから、あの絵本作りは励まれました？

北　あのー、絵を描くのが好きなんですよ。2歳くらいから。でもほとんどが動物の絵。

佐　あー、やっぱり。特に好きな動物ってありました？

北　動物はねぇ、ネコ。動物が出てくる絵本がやっぱり興味津々なんですよね（笑）。

佐　お家でも何か飼ってらっしゃるんですかね？

北　いえ、うちがアパートなんで飼えないんですけど、でももうすごい好きで、もうおばあちゃんちにゆくとネコが5匹とかいるんで。いや、もうすごいですよ抱っこもするし、もうネコのほうから寄ってくるので。

佐　あぁ、分かるんですねぇ。

北　うーん、抱っことか、あと一緒に遊んであげたりとか、お世話するのが好きみたい。

佐　うちの娘なんか幼い頃、ネコがペロンペロン舐めてくれますよね、そうするとベローンとかいって自分も舐める。見ているほうは「うぇー！」って（笑）、そんなことありました。

北　そうですね、おばあちゃんとかよくやってますけど。

佐　あ、そうですか。

北　わたし、きっとねぇ、わたしが「舐めるのはダメよ」って。

佐　あ、言ったかもしれませんね。

北　たぶん言ったんだと思いますね。それ以外はすごい一緒に遊んでます。

●作ることの楽しさ

絵本をたくさん読んでもらうと、自分でも絵本作りを始めます。最初は、鉛筆でぐるぐるの丸を描き「オバケ」、「ネコ」などと命名を始めます。絵本の中のイラストレーションによく似ている場合もあれば、まったく輪郭も不明瞭でよく分からないのですが、子どもは、絵本の中の文章の一部をしゃべりながら描くことがあります。絵を描いているときの心象が、絵本の中にある主人公や、その他、形のあるもののときは理解できますが、目には見えない何かのストーリーの一部を表現しているときは、当然おとなには理解できません。そんなとき、子どもは自分の心象は絵や文章で表すことができるということを、実践しているわけです。また、象形文字のような仮名釘流の小さな文字らしきものをまるで文章のように連ねて、お話を作っているときもあります。

幼稚園などでも、3歳くらいから画用紙を絵本のように閉じてもらい、つたない文字と絵を描くことで絵本作りをする子はいます。特に5歳児後半の小学校へ入る直前になると、お手紙や絵本作りはとても多くの子どもたちが興味を示すようになります。日常生活の中で慣れ親しんでいる絵本という文化財の存在が、そのまま絵本作りへと子どもたちを導きます。紙とクレヨンや鉛筆などがあればできるわけですから、表面的にはとても手軽そうなのですが、絵を描いたり文章を作ったりと、かなり抽象的な思考力を使います。

4　主人公の心を読む（心の理論）――「今はからいけど、次は甘いよぅ！　ほらね」

佐　『ありのあちち』は、どのようなところがお好きでしたか？

北　これはですねぇ、最後のあの、最後じゃない、この触る前ですね……。

佐　あ、この瞬間ね（第8見開き）。

北　「行っちゃだめ、行っちゃだめー」って（笑）。「あついよぉーあついよぉー」って。

佐　（笑）これ、これも、6ヶ月くらいからですか？

北　これは後くらいですねぇ。

佐　それでアチッとなるとどうなるんですか？

北　「あっちっちー」と、ここはもう「だめだめ行っちゃぁ」。アッチッとなると、一緒になって「あついよー」ってなって。もう「大変大変、ほうたい巻かなくっちゃ」って。でこの一番最後（裏表紙）で包帯巻いてますよね。ここが好きなんですよ。

佐　何でなんでしょう？

北　この、ホッとした安心した顔（笑）。

佐　あー、そうでしょうねぇ。

北　「ほうたい巻いてもらってよかった、誰に巻いてもらったんだろう?」とか。

佐　そうですよね、うん。何かそういうとき、お母さん答えられるんですか?「お母さんよ」とかなんか。

北　「アリのお母さんだよー」って。ここには、お母さんの存在は見えてないけど。

佐　不思議ですよね、考えてみれば。うわ、熱そうホントに。手が真っ赤になっちゃって。これねー、ホントにこれって何か、ぱっとおとなが見たときね、それほど個性があるとも思えないしねぇ、やっぱり火傷が驚きなんですね、きっと。この辺はどうですか「げー　げー　げー」(第5見開き)とか。

北　ここも好きですねぇ。あの「げーげーげー」のところが(笑)。

佐　一緒になって「げー　げー　げー」ですか。

北　今は、ここを何回か何百回って読んでるので。ここは辛いですよね。「次は甘いよぉー」って言うんですここで(笑)。

佐　それは面白い。えー次は甘いよ。

北　あの、次は甘いビスケット。もう何回も読んでるので、頭の中入ってますよね。「今はからいけど、次は甘いよぉ!　ほらね」って言うんですよ(笑)。

佐　もうちょっと待ちなさいねっていうんですね。で、ホッとここで一安心。なんか自分もビスケットが食べたいとかなんて言いません？　それはないですか？

北　それは、ないですね。甘かったり辛かったりこう、メリハリがあるんじゃないでしょうかね。これはこう、「行っちゃだめ、行っちゃだめよー」とか。

佐　「行っちゃだめ、行っちゃだめ、行っちゃだめ」、「あっちっちー」。これなのね、好きなのはきっとねぇ。

北　アリが涙流して（笑）。

佐　この辺（第1見開き）は、そんな興味なかったみたいですか？

北　そうですね、この辺は……。ほんとうにこのまんま「あ、なんかおいしそうなものがありそうだなぁ」ってかんじ。

佐　これなんかも、絵なんか描かれましたか？

北　あ、よく描きましたね。もう、そっくりに。バナナの滑り台滑ってるところとかも。これですね（第3見開き）。

佐　そっか、げーげーげーね。それから甘いよーですか（笑）。

佐　これ（『はりねずみかあさん』）は、いかがでしたか？

北　これはですねぇ、最後のお母さんと子どもたちがリンゴをみんなで食べる場面では、玩具のリンゴを使って真似をするなど、ちょっと遊んだんですけど。好きなんですよね、お母さんが。この辺（最初の第3から第7見開き）はまだ、子どもたちにあげるっていうのが分かんないですよね。

佐　そうですよね、普通の絵ですもんね。
北　普通にお母さんがリンゴをとりに行って、で、「みーつけた」とかって。で、「ひとつ」っていうところが……あの「あおいりんご　ひとつ」とかって言うとずっとそれを真似してたんですよね……。
佐　指さしですよね。
北　そうですね。「ひとつ」とかって言って、で、「よいしょ　こらしょ」って、運んでぇ。途中でね、こう絵を見ながら、あの自分で「かあさん　かあさん　りんごと　いっしょ」と、読む前にですね、子どもたちが「お母さんまってるんだよねー」って、「でもリンゴをもってくるのは知らないんだよねー」って。
佐　なるほどね。子どもの心を読んでるんですよね、うん。
北　で、リンゴとともにお母さんが帰ってきて、うん。「喜んでるねー」っていうかんじで、で、ここ（最終見開き）ですね、ここを、あの「お母さんのぶんがないから、きっと分けてあげたんだよね」って、やっぱりここも「みんな3人で食べておいしかったね」って言ってましたね。
佐　……てことは、ここの部分（リンゴの欠けたところ）をすでに分けてあげたということですかね？
北　そうですそうです。
佐　後で分けてあげるよ、ということではなくて？

おいしい　おいしい
あかいりんご　あおいりんご
はりねずみ　かあさんが
みつけた　りんご

『はりねずみかあさん』最終見開き（まつやさやかぶん／M・ミトゥーリチ・え／福音館書店）

北　じゃなくて。ええ、欠けてる部分（最終見開き）で、「3人でわけて……」。

佐　なるほど、なるほどね。だから、ついついちいちゃいと自分が不利な立場に立たされるっていうことをよく経験してるんですよ、子どもは。「三人で食べたんだよねー」ですか。お母さんはそういうときどうおっしゃるんですか？

北　「三人で食べたんだよね」って言ったら、あら、何て言ったんでしょう（笑）。「そうだよね」っていうような他愛のないことを言ったのかなー。

佐　特にお好きだったページは？

北　うーん、やっぱりあの、「かあさん　かあさん　りんごと　いっしょ」の母さんが入ってきたとこですね、子どもたちが不安でいるところへ、お母さんだけじゃなくてリンゴも持ってきたっていうんで。

佐　ホントね、待って待っての気持ちが、自分の気

北　そうですね。なんかもう、そうやって喜んでますからねぇ。

持ちと一緒だったんでしょうね。

他者の心への想像力

『ありのあちち』では、火傷したアリが最後に「しっかり」包帯を巻いてもらった手を挙げて微笑んでいる姿が、裏表紙に描かれています。『はりねずみかあさん』でも、同じく裏表紙に、母さんと二人の子どもがリンゴを食べて満足した様子が描かれています。なんと平和で穏やかな物語なのでしょうか。

リカさんは何度も繰り返し読んでもらっているうちに、「いまはからいけど、次は甘いよぅ！」とアリに話しかけています。また、沸騰したやかんに近づくアリに「行っちゃだめー」とも警告しています。また、自分は知っているけれど、はりねずみの子どもはお母さんが「リンゴをもってくるのは知らないんだよね」と、子どもたちの不安に共感し思いをはせています。

子どもたちは昔話を聞いたり、このような葛藤のある絵本を繰り返し読んでもらうことで、主人公の心の動きをメタ認識できるようになり、いわゆる他者の心を想像することができるように育ってゆきます。

幼い子どもに平和で幸福なハッピーエンドの物語が必要なのは、困ったことがあっても最後はうまくゆくと信じる力を育て、困難を克服する想像力を強く促すからです。

5 「こーれは楽しいぞ！」——赤ちゃんの反応に驚く

北　好きですねー。もうこのシリーズ（「こどものとも」０・１・２／福音館書店）は他にもありますよね、いっぱい。忘れた頃に自分でまた持ってきて。

佐　これはあれですか、全部個人で、ご家庭でずっと購入してらしたんですか？

北　いや、違うんですすこれはですねー、あの、たまたまなんですけど（笑）、近所であのお引越しする人がいて、全シリーズかどうか分からないんですけど、何十冊かまとめていただいたんですよ。

佐　置いて行っちゃったんですか？

北　置いて行っちゃったというか、子どもたちも小学生になって大きいので、あの、よかったらどうぞって。でも、そのときはまだ生まれて1、２ヶ月の頃だったんですよ。で、それをいただいて、どんな絵本がいいかも分からず、数ヶ月そのままにしてたんですけど、一番最初に読んだのが、もうこのシリーズで。

佐　あ、ちょうどよかったですね。

北　ええ、で、なんとなく読んでたら反応があったので、あっ面白いなーと思って、今度は自分も楽しいですよね。

佐　そりゃそうです。そういうときに何か発見というか、「え、こんなところに喜ぶんだ」っていう思いはどうでした？

北　なんか、音の「ピッピーポッポー」とか言ったときに、同じ真似しますよね。

佐　言います。

北　あーこんなこと言うんだーと思って（笑）。結構こう、年とって生まれた子なので。あのーよく、何て言うんでしょうかね、こう……絵本を読んであげるっていうよりも、自分がもともと好きだったんですよ、本を読むのが、今でも好きなんですけど。でも子どもが自分にいないと、あんまり絵本を読む機会ってないじゃないですか。だからスッゴイ新鮮で、それに加えて反応があったので「こーれは楽しいぞ！」（いかにも楽しそうな声）と思って、毎日読んでましたねー。最初の頃はもう自分が楽しむ。もう２歳くらいになってくると楽しくて、もう一回読みたいっていうので（笑）。でも、何か赤ちゃんの頃は、「もういっかい」とか言わないじゃないですか、自分の都合で読んであげたりできるんで、自分の楽しいときにこう一緒に楽しめるっていうかんじでしたね（笑）、赤ちゃんの頃は。

佐　で、それ以前はそうすると反応が出る前までは、絵本ってもうちょっと大きくなってから見るものとかそんな感じでしたか？

北　あ、思ってました。

佐　幼稚園にあがってからとかね。

北　うん、でもあのー、実際は言葉が出るようになってからかな。

佐　そうですよね、普通はね。

北　……って思ってたんですけど、でもこんなちっちゃい6ヶ月くらいの赤ちゃんなのに、こうやって同じく言えるんだなーと思ってからはもう、これは、もう楽しんで見ちゃおうかなーって思って（笑）。

佐　それはそうですよね。するとこのシリーズはほとんど揃っていたわけですか？

北　揃ってました、揃ってますね。

佐　置いて行った人がどうして置いて行ったんだろうって。ねぇ、今頃後悔してるかな（笑）。

北　いや、かなりお兄ちゃんたちもう小学校5年生とか6年生で、でも、なんかそこの子も好きで、他の絵本は処分したんだけども、これだけは、もしもらってくれるんだったらって。

佐　思い入れがあったんですよね。でも、タダでラッキー（笑）。

北　ラッキーでしたね。

●──赤ちゃんと分かつ感動

北村さんは、福音館の「0・1・2」シリーズをほとんど近所の方からいただいたと話されています。絵本は、結構、知り合いや友人からのプレゼントもあります。子どもたちが気に入って繰り返し読んだ絵本は、ぜひそのままとっておいていただきたいのですが、住宅事情でそうもいかないことがあります。

子どもの気に入った絵本には、それを読んでいた時代の「子ども」そのものが、さまざまな風景や思い出とともにしっかり保存されています。交わした会話や、その頃起こった事件など、大きくなってもう一度ページを開くと、次々に忘れていたことが躍り出てきます。どんな育児記録や写真よりも深い幼年時代が、そこには存在するのです。

また、子どもが絵本に興味を示すのは「言葉が出るようになってからかな」と思っている人は多いのですが、北村さんのように、生後半年くらいでかなり明瞭な反応を示す子どもに出合うと、「こーれは楽しいぞ!」と驚き、感動します。反応といっても、笑ったりオノマトペの音韻を真似するなど、ごく単純なことなのですが、絵本を介在させて心の中のイメージがやりとりできるという、人間の子どものみに可能なコミュニケーションが成立することの発見は、深い感動をもたらします。

6 「赤ちゃんって面白いなー」——赤ちゃん発見

佐　なるほどね。やっぱりそうすると赤ちゃんがそういう風に反応してくれますから、なんか見方とかずいぶん……。

北　変わりましたねー。

佐　たとえばどんな風に？　その辺ぜひお聞かせください。

北　赤ちゃんってただ泣いてミルク飲んでるだけなのかなーって。で、ある程度反応が出てくるのも、ずっと後なんだなと思ってたんですけど。

佐　それこそ、言葉が生まれてくる1歳前後くらいですよね。

北　そうですそうです。でも違うんだなーと思って。それからこの絵本がきっかけで、あの歌とかありますね、ドラえもんの「アン・アン・アン」とか。それを歌ってあげると、歌も「アン・アン・アン」って歌うようになってきて、これは面白いなあと思って。だからどんなに生まれて7ヶ月の子でも、反応ってあるんだなーと思って。

佐　しかもこんな紙に描いてある絵でね。

北　そうですそうです。

佐　それから、お歌を歌われるようになった。

北　そうです、歌もずいぶん、あの小さい頃から歌ってましたね。結構反応が、こう自分の思ってるよりも先に先に出てくる子だったんですよ、たまたま。だからこうこっちも楽しくなっちゃうから、こう次から次って、じゃ今度この絵本はどうなんだろうとか、この歌うたってみたらどうなんだろうって。で、興味示さない絵本とかも、たくさんあったんですけど、なんか楽しいなと思いましたね。子どもっていうか赤ちゃんって面白いなーって。

佐　それってすごく重要ですよねぇ。日常がこう淡々と流れるのではなくって、やっぱり人間的な交流がそこでフワッと出てきますからねぇ。すごい発見ですよね。

北　発見でしたねー！（笑）。

佐　今ね、ブックスタートなんかでほんとうにそういう発見が多くなって。そんな絵本なんてものは、まだ見はしないって多くのお母さん思ってますよね。

北　ええ。

佐　ところが、そのケラケラッと笑ったりされると、あっと驚くみたいですね。まぁ、1日に数分程度ですけどね。主にこう、読まれる時間は決まってたんでしょうか？　赤ちゃんの頃は。

北　うーん、午前中が多かったですね。

佐　やっぱり午前中と午後とでは反応違いましたか？

北　午前中のほうが機嫌がよかったですね。

佐　そうですよね。うん、なるほどね。

北　で、本を読んであと散歩行ったりとか……そうですね、本読んでから行ってましたね。普通はこう、10時くらいにゆくじゃないですかお散歩は、でもいや、たぶんミルクの時間とかの都合だったと思うんですけど、本を読んでから行ってましたね、その頃はね。

●――赤ちゃんて面白い

ほんとうに「赤ちゃん発見」が臨場感溢れる言葉で語られており、聞いているわたしも興奮し、心が熱くなりました。「赤ちゃんてただ泣いてミルク飲んでいるだけかなー」と、多くの新米の親は思います。実際に、「泣いてミルクを飲んでおしめを換えて」の時間のほうが圧倒的に多いことも事実です。そのような時間の合間に「赤ちゃんって面白いなー」という瞬間がもてるかもてないかで、子育ては大きく事情が変わります。

赤ちゃんは日々人間としてダイナミックに変化し続けているのに、日常の雑事の繰り返しに落ち込み、そのことが見えないと辛いだけの行為となります。特に、絵本だけがこのような発見の機会を与えてくれるものではありません。自然の中に連れ出し、さまざまに変化するものに出合わせると、赤ちゃんは目をきょろきょろさせて興味の在りどころをおとなに教えてくれます。イヌヤネコ、風に揺れる花、小さい子どもたちの遊ぶ姿などは、特別お気に入りの風景です。

そのような機会を通しても赤ちゃん発見は、いくらでも可能です。おとなと同じように、赤ちゃんも変化するものが大好きです。絵本は、そのような赤ちゃんにとって興味あるものの一つなのです。

7 「うん、おなじ」――絵本の言葉と絵を応用して日常を解釈する

佐　なるほどね。なんか絵本の世界のことが日常にポンっと出てきたり、言葉がポンと出てきたこととか？

北　あー、ありましたね。リンゴとか見たりとかしたら、言ってましたよ。「おちてきた　おちてきた」……。うん。「リンゴはひとつだ」とか。

佐　あ、絵本のことばを使ってね、「リンゴはひとつだ」とかってね。あ、ここですね（第3見開き）。

北　言ってましたね。

佐　そうですか。でそういうときねぇ、一緒に読んでる人なら分かるんですけど。お父さんなんかどうですかその辺。お父さんも読んであげられましたか？

北　お父さんは……あんまり。今のほうが読んであげてますね。赤ちゃんの頃はやっぱり「分かるわけない」っていう。男の人は。

佐　なるほどね。でもこれ（『ありのあちち』）なんか台所にフライパンとかあるでしょ。それとは特に、何か結びつけて言ったりだとか。

北　これはねー、フライパンとかっていうよりも、あのー怪我とか、包帯とかに興味を示しましたね。やかんとか鍋よりも、こう火傷じゃないんですけどちょっと痛くしたりしますよね、そしたら包帯とか『ありのあちち』とか引っ張り出してきて、こうみて、「うん、おなじ」とか。

佐　（笑）なるほどね。

北　ええ、やってました。これは絶対どっかで見たポーズだなぁと思ったら、これを引っ張り出してきて、「おなじ」ってやってましたね（笑）。やかんとかそっちの方面にゆくのかなと思ったら、意外とその怪我のほうに興味がいっちゃったみたいで。

佐　わたしも同じだよって、いうことでね。

北　ええ、そうです（笑）このポーズが、顔の表情とかも、同じ格好してましたね。

佐　すごいやっぱり思い入れがあるのね、これがね。

北　そうですね。顔とかも……なんていうんだろう、こうホッとした顔（笑）。

佐　『かさしてあげるね』なんかは、日常にあまり出ませんでしたか？

北　これはね、ひたすら絵を描いてましたね。うん、絵のほうに行ってましたね。

佐　やっぱこれはね、一見、子どもが描いたような絵ですよね。

北　たぶん、どっかで自分も同じように描けるんじゃないかなっていう（笑）。

佐　『ぐりとぐら』がそうなんですよ。あれもある面で子どもが描いたように見えていて、「子どもの絵のようだ」っていわれてるんだけど、やっぱ子どもに描いてみようと思わせる絵なんですねきっと。なんかこれならわたしにも描けそうだっていう（笑）。

北　これは絵、描いてましたね。あと自分で絵の色、あの傘の色を変えてみたりとか。あの、「象さんはきっと女の子だからピンクにしてみよう」とか。女の子だからって決め付けて（笑）、「女の子だからピンクの傘が似合うわ」とか。

佐　なるほどね、横に広げていきますねぇ！　一冊からねぇ！

北　そうですね（笑）。

佐　そっか、こういう絵にはそういう良さがあるのね、他の絵本だったらちょっと描けそうにないし……。

北　そうですねー、これ（『はりねずみかあさん』）も難しそうだし。

佐　うん、難しそうですよね。そうか、自分でもなんとかなりそうだっていうのが親しみがあるんですねぇ。

北　なんかこの子（『かさをしてあげるね』の主人公）も簡単そうですよね（笑）。

佐　なんかねぇ、ピッと描いて毛が3本でねぇ（笑）。

北　そっくりに書いてましたけどね。

佐　そうですか。……そんなの取ってらっしゃいますか？

北　え、取ってます。

佐　あ、それいいですね。ぜひ取っといてくださるといいですね。

●――絵本は経験を結びつけるマグネット

子どもたちは一冊の絵本を読んでいて、「ああ！　あれと同じだ」と直感すると、急いで本棚に走って行き、似たような内容が描かれている絵本のページを開いて満足そうに見較べていることがよくあります。主人公のネコが気に入ると、他の絵本でネコが描いてあるところを次々に集めたりもします。

デパートでアイスクリームを食べさせると、『とこちゃんはどこ』でとこちゃんがアイスクリームを食べていた場面を思い出し、「とこちゃんクリーム！」と言います。オバケの絵本を見ると「オバケなんてないさ」の歌を歌い始めます。その逆もあります。子どもたちはまるで神経細胞がつながるようなかんじで、絵本同士、絵本の中のもの（絵や言葉や状況など）と現実の世界のものを結びつけてゆきます。

広くは「間テクスト性」(2)と言うことになるのでしょうが、絵本が他の絵本や子どもの経験を磁石のように結びつける「絵本マグネット現象」がよく見られます。このようなとき、絵本を共有している者同士では「うんうんそうそう」と分かり合えるのですが、お父さんだけが輪からはじき飛ばされるということにもなります。

8 絵本に描き（書き）込みをして自分のイメージの足りない分を補う

佐　これ（『しろくまちゃんのほっとけーき』わかやまけん／こぐま社）は……？

北　ちょっと前にやられちゃって。持ってくる前に、見てびっくりしちゃって（笑）（絵本にすごい描き込みがある）。

佐　これはいくつぐらいのときに出合われましたか？

北　これは、2歳のお誕生日に、あのお友達のお母さんがプレゼントしてくれたんですよ。同じ歳の子がいるんですけれども。

佐　それは、お嬢さんがお友達のお母さん？

北　そうです。わたし9ヶ月くらいのときからサークルに入ってまして。で、そういう仲間がいて、そしたらあのー、その子、男の子なんですけど、しろくまちゃんが大好きなんです。だからきっとリカちゃんも読んでみてって言って、お誕生日プレゼントにいただいたんです。

佐　おっ、おー（絵本に何かが鉛筆でいっぱい描いてある）。

北　すいません。

佐　これは何の絵ですか？　ウサギちゃんですよね、でも、ハートがあるじゃないですか。

北　ハート大好きで。

佐　心があるんですね。これは自分だね。違いますか？

北　これは（笑）、もう昨日開けてびっくりでどうしようと思ったんですけど（笑）、なんか全部皿にも顔が。すいません。

佐　笑顔もちゃんとついてるし。いつ頃描かれたんだろう？

北　え、これは最近ですねぇ。あの夏に、あのー、そのアンケート調査を書くとき（平成15年7月）はなかったので（笑）。なんかもうコップとかも全部足とかついてるし。

佐　面白いねぇ。でもこれ……というと5歳のときに……。あ、面白いねぇ。なんかまつ毛までがパッチリとついてます。

北　やられちゃったってかんじで……。卵も全部顔になって（笑）。

佐　どこがお好きでした？　この絵本の。「ぽたあん　どろどろ　ぴちぴち……」のところですか？

北　そうですね。でも、これを持ってくるとイコールほっとけーきを焼け！

佐　なるほどね、ずいぶん焼かれました？

北　焼きましたねぇ。だからこの本と共に準備ですよね、フライパン（笑）。

佐　なるほど。でも、毎日毎日じゃお母さん困られたでしょう。

北　そうですね、あのー、自分が食べたくないときもあるんですよね。やっぱ飽きますから（笑）。そういうときは、「今日はいらない」って。いらないけど本だけ読んでっていう。先に言ってましたね（笑）。

佐　こんな、「ぺたん」とか「ふくふく」とか「くんくん」とか、この辺はどうでした？

北　大好きでしたねー。

佐　言葉のリズムが好きなのね、みんなね。このね、フライパンにもリボン描いてつけちゃうって何か意味があったんですかね。顔にしてますよね、ちゃんと。体つけてるんですよね、足を。

北　何なんでしょうね、なんか最近、なーんか顔書いたりとか、ハートとか。

佐　ハート好きですよね、心を表してるんだと思うよ、たぶん。バレンタインデーか。

北　バレンタインあたりに描いたのかもしれないたぶん（笑）。ここ、「ほっかほかのほっとけーき」って書いてますよね（笑）。たぶんそうだと（笑）。

佐　なるほど。よくこういう風に、好きな絵本には描き込みをされる？

北　いや、絵本にはね、描いちゃいけないって言ってるので、だからこれだけなんですよねー、見てびっくりしたのが。これ（第7見開きのしろくまちゃんがこぐまちゃんに「こぐまちゃーん　ほっとけーき　つくったわよ」と言っている場面）は、お母さんが「できたわよー」って言ってる

「こぐまちゃーん　ほっとけーき　つくったわよ」でお母さんを描く（『しろくまちゃんのほっとけーき』わかやまけん／こぐま社）

と思うんですけど。

佐　あ、なるほど、面白いですね（笑）。

北　たぶんそういうイメージで……かなって。

佐　なるほどねぇ。いや、これ面白いね、作ったわよ。何なんだろう、「つくったわよ」って言ったとこにお母さんの顔が描いてないから、やっぱり、ですねきっと。ま、言った本人がいないのはまずいんじゃないのっていう（笑）。今日はホントにお話だけ聞きにきたんですけど、なーんか撮ってみたいものがいっぱいあって（笑）、「つくったわよ」なるほどねー（笑）。これは、線で身体同士を付けるっていうのは、何があるんですかね？　いつか聞いてみてください、「何で体がくっつくんだ」って。

北　そうですねー。

佐　これは何か絵本を読んでるときに、こういう風な描き込んだ内容にまつわる話が出てきたりだとか、何かそういう風なことありましたか？

北　よく分かんないんですよね（笑）。自分の中ではたぶん分かってると思うんですけど。

佐　もちろん分かってると思います。これは何だろう？　何か手の先出てますよね？　これもだね！　何だろ。これ何だろ。しかも青で丁寧に塗ってある……リボン？　あ、違うか。絵を描くのがね、もともと好きだから。この絵本は、今でも見てるみたいですか？

北　これは見てますね。見ててこうつい書いちゃったんです。これはやっと、「あー、しろくまちゃん」を描いたんだなーっていうのはやっと分かるんですけど。

佐　よく分かりますね。

北　もうあとは分からないです、何か。世界がもう……（笑）。

佐　そうですよね、何か顔描いて、何か手足描くっていうのがね、すっごい面白い！

北　何なんでしょう。

佐　19世紀の終わりに、コールデコットがナーサリーライム（「ヘイ・ディドル・ディドル」）に絵を付けた絵本の中に、「そして、お皿とお匙がかけおちだ」というナンセンスの詩があり、その絵は擬人化で描かれています(3)。なんかこう、動きを持たせて、生かして何かしたかったたかもしれないねぇ、ここにもちゃんと顔が描いてある（笑）。しかも、それが後になって出てくるっていうのが面白いですね。うん。ちょっとまたいつか、理由を聞いてみてください（笑）。自分でもリボンはお好きなんですか？

北　大好きです！

佐　やっぱり、なるほどね。毎日、付けていらっしゃるんですか？

北　付けてますね、リボンっていうか今、あのちっちゃいやつですけど。

佐　何か顔に見えちゃうんだろうか？　ちゃんと足があってねぇ。

北　そうですね。何で足なんでしょうね。目と鼻と口なら分かるんですけど。

佐　やっぱり、動かしたいのかな。

北　卵も（笑）。

佐　卵にも足がついちゃって。こっちに足が出てる。何か別の本の影響も出てるのかもしれないですね。漫画とか。なかなかこういうの分からないんですよねー。そしてこれが現在真っ盛りですか？

北　ちょっと前ですね。4歳くらいですねー。

●──「思うこと」と「言語化できること」

もともと絵本から触発されて絵を描いたり模倣したりするのが大好きなリカさんですが、お母さんの知らない間に「あっ」というようなことが起こっていました。『しろくまちゃんのほっとけーき』に、ハートやらつけまつ毛やウサギの描き込みまで出現しました。

普段はそのようなことは「してはいけない」と言われているのですから、何か特別な理由があったと思います。一番考えられることは、もうすでに過去の時代の絵本なので思い切りよく自分の欲しいイメージを付け足して描いてしまったということ。また、文字が少しずつ書けるようになったので、新しく文章を付け加えて「リカ版」にしたかった等々ですが、あくまでも推測の範囲を出ません。

この場合は、もっと年齢の低い子がするような単なる落書きというよりは、もう少しはっきりとした意図が含まれているように思います。また、対象となる絵本もはっきりと区別ができていて、現在、よく読んでいたり愛着のあるものには描かないでしょう。そのときに理由を聞いても、おそらく言語化は難しく言葉になるものだけが「理由として」述べられるに過ぎません。わたしが「いつか聞いてみてください」とお願いしましたが、当時の年齢では、「そう思うこと」と、それが正確に言語化できる年齢にはかなりずれがあるように思います。

幼い子どもが小さいときに繰り返し読んだ絵本に、「もっとこうあればいいのに」とか「何でこれが描かれていないんだろうか」という、悩みや不満はたくさんあるようです。『てぶくろ』（ウクライナ民話／ラチョフ・え／うちだりさこ・やく／福音館書店）を、3歳前に大好きだった子どもが、高校生になって当時を振り返り、「おじいさんが帰ってきたときみんなが逃げないでいれば、もう片方の手袋もくれたのに」と、いつも見ながら考えていたと言いました。もし、この子が絵本に描き込みをしたいと考えたなら、もう一つの手袋を付け加えたかもしれません。

9 絵本の場面を日常の中に見いつけた！ ――生活を解釈する

佐　ぎざみみ……『ぎざみみぼうや』（原作・シートン／文・小林清之介／絵・たかはしきよし／チャイルド本社）

北　はい、これは辛かったですねー、読むのが。長くて……。

佐　あー、なるほど。あ、チャイルドですかこれは。シートンですね。

佐　何が一番気に入ってたみたいですかこれは？

北　この頃になるとですね、やっぱり楽しいこぐまちゃんも好きなんですけど、こう波がないですよね。

佐　シンプルですよね。

北　シンプルですよね。でもやっぱり4歳くらいになると、もうドキドキとか、食べられたらどうしよう、お母さんが池の中に、そのまま上がってこないとか、そういうドキドキハラハラ、でまぁ最後は幸せにっていう、何か刺激を求めるようになりましたね。

佐　なるほどね、ストーリー性のあるものが好きなのね。シートンが原文のようですね。「ぎざみみ」、耳が壊れちゃったんですね。すごいお母さんが天敵のヘビをバーンと蹴飛ばしてるわ。すごい勢い、この足がね、すごいですね力がこもってるというか。

北「お母さんは絶対に守ってくれるよー」とかって、そのお母さんが池に沈んで死んじゃってとかって……その後はどうなるんだろうみたいな。

佐 かなり緊張感のある絵ですね。これは今でも繰り返されてますか？

北 今はですねぇ、今はあのピーターパンとか、あっちの夢の世界にいってますね。「いつになったら会えるんだろうピーターパンに」とか「いつになったら飛んであの島にいけるんだろう」とか(笑)。自分がもう、夢の世界に入っちゃってますね。

佐 あと、こうずーっとお子さんと一緒に読んでらして、何かいろいろ面白いなーっと思われた発見とかありましたか？　今までで、その絵本にまつわることで……。

北 読んでてですか？

佐 ええ、読んだ後でも結構です。

北 あ、読んだ後に？

佐 後でもいいですし、うーんと後で出てきたりしますから。

北 でも、子どもってこのぐらいのときって、その、全部入ってますよね、記憶の中に。だから同じ場面とかに遭遇すると、そのせりふっていうんでしょうかね、出てきたり。あと、これは、あのウサギなんですけど、よく近所の軒下にお母さんネコと子ネコ、春とかになると……。

佐　あ、いますね。

北　見かけますよね、そしたらそれはネコなんですけど、あのーこの絵本（『ぎざみみぼうや』）になってるんですよね、自分の中で。子ネコ生まれてお母さんが守ってるっていうのが、一昨年あたりに見たんですよね、そしたらなんか、あのー、一生懸命言ってましたねこのあたり（最終見開きで、ぎざみみうさぎが家族と一緒に暮らしている場面）を、言葉で。「これからはずっといっしょだよ」とかって（笑）。ちっちゃいネコとかに向かって。

佐　なるほどねー。

北　で、ネコ好きなせいなのかなんなのか分からないんですけど、ネコのほうも逃げないんですよ。普通子ネコがいると、連れて逃げたりとかしますよねノラネコだったりとかすると。で、一生懸命この最終場面の文章を、話しかけてましたね、ネコに。……なんかウサギじゃなくてもイヌでもネコでも、この子にとってはこの場面なんだなって思って。

佐　すごくこの場面が嬉しかったのかもしれませんね。満足できた、最後がね。

北　うん。この途中がドキドキがあったので、「あーよかった」って思ったんじゃないでしょうかね。うん、それがたぶん印象に残ってて、そういうことを言ってみて（笑）、自分も使ってみたかったっていうのかな。

佐　まさにその現実の場面が、ここなんだっていうね。意外にそういうのって出ますよね。

●間テクスト性と共鳴する人

よく、子どもの絵本の読み取りの質を上げてゆくという言い方をしますが、このケースは、その例のひとつになるかもしれません。子どもたちはいろいろな絵本に出合い、言葉の習得やストーリーの再生、絵に描いてみるなど、さまざまなかたちで読み取ったことを表現してゆきます。しかし、子どもが目に見えない価値観や人間の感情などを深く解釈していても、おとなは、なかなか外からは伺い知ることはできません。

ここで北村さんが話されているのは、シートン動物記のダイジェスト版絵本です。全30ページの幼年童話に近い作品です。話のあらすじは、ワタオウサギのお母さんは巣穴に子どもを残して出かけますが、約束を破って外へ出た子ウサギはヘビに耳を噛まれて「ぎざ耳」になってしまいます。その後も厳しい生活が続き、お母さんは子ウサギをキツネから守るために犠牲になり、氷の池に沈むという悲劇的な結末を迎えます。しかし、最後のページでは、子ウサギは大きくなり、新しい家族が誕生している幸せな場面で終わります。

野生の動物を擬人化したものですが、リカさんはこの絵本で得られたものを「これからはずっといっしょだよ」と、捨て猫の家族が幸福に暮らすことを願って適用することで、この絵本で得られた深い人間理解や感情を表現しています。ここにも絵本で得られたものを、現実の生活の出来事に当てはめ、結びつけてゆくという「間テクスト性」の現象が見られます。

3歳頃の言葉の発達が急速に進む時期と前後して、絵本で読み取ったことを精神世界の基地として結びつけ関連させ、応用して、次々に現実世界を解釈してゆく姿が見られます。非常に単純な命名（単語）のレベルから、形容詞的・副詞的世界の理解と解釈、さらには目には見えない複雑な精神世界の存在を確認し理解することへと発展してゆきます。わたしは、このようなことを「読みの質の発達」というようにとらえています。

しかし、子どもたちと絵本を共有しているおとなが、このような子どもたちの「間テクスト性」に気づいて共感してやることがなければ、絵本から精神世界を広げてゆくことは難しくなります。そのような意味では、絵本（読書）といえども、そこに共鳴・共感する人が存在しなければ、心の中に生き続けてゆかないということになります。

10　お母さんたちで絵本を読み合うサークルを作る

北　絵本、小さいときから好きだったので、あの、サークルで毎週なんですけど、お母さんたちが交代で持ち寄ってみんなに絵本を読んでるんです。その同じ絵本でも、読むお母さんによって違うじゃないですか。

佐　すごい違います。

北　そうすると、帰ってきてから、子どもが「ここはこういう風にもっと強く言ったほうがよかったんだねー」とか（笑）。

佐　それが4つくらいのときですか？

北　いえいえもっと早く、あのうちの子歩くのとか運動機能えらい遅かったんですけど、口だけは早かったんですよ（笑）。

北　もう10ヶ月くらいでしゃべってたので。一日中、今でもそうですけど（笑）。1歳半健診であの、保健師さんに聞かれたこと以外のことでも、ずーっと話しかけてたので。

佐　びっくりされてたでしょう。

北　びっくりしてましたね。あ、こんなに、おしゃべりねーって（笑）。

佐　それは何でだったんでしょうね。そんなに早く言葉が出ちゃったって。

北　や、分かんないんですけど、やっぱり絵本を早いときから読んでたのもちょっとは関係あるかなっていうのはなんとなく……。

佐　あるかもしれませんね。なるほどね。

北　だから歩けないのに、何ていうんでしょうか、二語文っていうんでしょうか。近所にハッピーっていうスーパーがあるんですけど、歩けない10ヶ月くらいで、歩いてる子は歩いてたんですよ。で、歩けないくせに、「ハッピー行こう、ハッピー行こう」って（笑）。

佐　えー、すごいですねそれは。お母さんも早かったですかね、言葉は。分かりませんか？

北　いや、わたしはあの小さい頃は、ホントに誰ともしゃべれなかった子らしいです（笑）。

佐　はー、じゃパパに似たのかしら？（笑）。

北　いやぁ……やっぱり仕事してから、接客業だったんですよ。それからですかね、やっぱり変わったのは。それまであんまりあの、幼稚園とか行っても、なんかあの目立たなーい。でも、自分の母親も本が好きだったので、本は小さいときから読むのは好きな子でしたね。

●――読み方の多様さ

親子での絵本の読み合いも、ひっそりとその家族や親子だけでやっていたのでは、読むことに広がりが生じないことを、このエピソードは物語っています。リカちゃんの「ここはこういう風にもっと強く言ったほうがよかったんだねー」という発言はすごいですね。この年齢で読み方や読みの調子・声などが、内容や伝わるものに変化を及ぼしているとの認識は、とても貴重だと言えましょう。

わたしは、一冊の絵本が読み手であるお母さんの内容理解によって、いかに変わってしまうものなのかということを、何度も経験しています。読み方に「正解」はありません。基本的には、親子で好きに読めば良いことだと思います。ただ、北村さんのように、時には他の家族がどのように同じ絵本を読み合っているのかを知ることは、自らの読みを広げたり深めたりするためのとてもよい機会になるでしょう。

11　おばあちゃんは絵本を謡う――もうひとつの読み

北　最後がこうどうなるんだろう、どうなるんだろうっていうのが、今でもそうなんですけど好きで。だからおばあちゃんにも絵本読んでもらうのが好きなんですよ。

佐　何か、おばあちゃん用の本とお母さん用の本とかっていうのはありますか？

北　いや、おばあちゃんはもう、歳なので、もうその辺にあるものを、もう「この絵本がほしい」って言ったものを買ってもらって読んでもらうんですけど、なんか上手なんですよね。あのなんていうんでしょうね……。

佐　抑揚とかが？

北　こう、何か演劇の人みたい（笑）。役になりきって、声を変えたりとか、うん。

佐　声色とか？

北　そう、男の人の声、悪者だったら悪者の声。そういうのを……。

佐　時代ものみたいな？（笑）。

北　そうですね、なんかそういう風にして娘が喜んでるっていうよりも、おばあちゃんが……（笑）、楽しんでるみたいな。

佐　そういう読み方されたらどうですか？　じっと聞いてます？

北　いや、笑ってますケラケラと。怖い場面なのに、声を途中で変えたりするので、「おばあちゃん！」とか言いながら、怖い場面なのに笑って聞いてますけどね。何かそういうのもまた、いいのかなーって（笑）。

佐　好きなんですね、きっとねそれはね。

北　でも、最後まで聞いてるので。

佐　それはそれで、不思議な世界かもしれませんね。

北　そうですね、やっぱ読み手が違うと、それなりに興味津々なのかもしれないですね。何か作りすぎってかんじもしますけどね（笑）。

佐　きっとこういう風に読んでやれば、喜ぶよっていうイメージがあるのかもしれませんよね。

北　そうですね。でもわたしが小さい頃は、普通に読んでくれてたんですよ。だからおかしくって（笑）。

佐　そうでしょう。だから「おばあちゃん読み」。おばあちゃんはちょっと変わって読んであげなければっていう、なんか役割分担をなさっててすごい（笑）。

北　そうなんでしょうかね。キャーキャー、キャーキャー笑いながら聞いてますね。
佐　それはいい読み手がいますね（笑）違ったタイプがあって。

●――読み合う者同士の関係の変化

おばあちゃんが読むということのユーモラスな一端が現れていて、とても面白いですね。お母さんの「でもわたしが小さい頃は、普通に読んでくれてたんです」という発言も面白いと思いました。前述しましたように、一冊の絵本が幼児のころ、母親時代、おばあちゃんになってからというように、向き合う者の関係が変化することで読みも微妙に変わってゆくということがよく伝わる事例です。

もともとリカさんのお母さんが子どもだった頃から、絵本をよく読んでいたおばあちゃんですから、絵本に対する思いもひとしおなのかもしれません。このように名調子で読まれることもあれば、ごく普通に読まれることもあったりして、おそらくはリカさんの成長とともにおばあさん自身が巧みに変わってゆかれる、ユーモア精神の持ち主だとお見受けしました。

第3章

自分も絵本に入り込む

――「こうやったらね、痛くなかったかもしれない」

絵本でその実体験、自分の体験したことを話すっていうのは、すごくわたしもびっくりしました。階段の落ちるシーンで言われたときに、「あーそういえば落ちたな」っていうのがあって……なんか、子どもって、絵本を見ながらも、自分が入り込んでるんだなぁっていうのを、感じました。

語り手　角美恵さん（32歳）
聞き手　佐々木宏子
インタビュー対象児　第一子紗里さん／女（4歳4ヶ月）平成11年10月4日生
　　　　　　　　　　第二子茉里さん／女（2歳5ヶ月）平成13年8月27日生
実施日　平成16年2月22日（日）13時30分～14時00分

1 絵本のストーリーに自分の体験を織り交ぜてゆく――自分も「落ちたよね」

角　あのーそうですね、0歳ぐらいから読み聞かせはしてたんですけれども、あの、『がたんごとんがたんごとん』（安西水丸さく／福音館書店）が結構気に入ってて、上の子のほうがあの真剣にって言うか、時間があってよく読んでやってたので、上の子はほんとに0歳のうちから聞いてました。それで、あの繰り返しがやっぱりいいみたいで、次、何が出てくるっていうのも、もう分かってしまうぐらい読みました。下の子はちょっと……、なかなか上の子のようには同じような環境では読めなかったかなと思います。

今、2歳と4歳なんですけど、最近は寝る前に「読んで欲しい絵本を選んできて」と好きな絵本を一冊ずつ選んできてもらって、それぞれに持ってくるんですよ。下の子は、毎日これ（『こぐまちゃんいたいいたい』わかやまけん／こぐま社）を持ってくるんです。最近これがすごくお気に入りで、自分も階段から落ちたことがあるんですよ。それで、階段から落ちるシーンのときに、自分も「落ちたよね」って必ず言うんですよね（笑）。

それで、あの、（こぐまちゃんが）座布団を持って下りるのを、「こうやってやったらね、痛くな

『こぐまちゃんいたいいたい』第6見開き（わかやまけん／こぐま社）

かったかもしれない」みたいな話をしてて、絵本でその実体験、自分の体験したことを話すっていうのは、すごくわたしもびっくりしました。階段の落ちるシーンで言われたときに、「あーそういえば落ちたな」っていうのがあって……なんか、子どもって、絵本を見ながらも、自分が入り込んでるんだなぁっていうのを、感じました。

で、この（おててがでたよ』林明子さく／福音館書店）も、すごく笑ったんですよね。

これは、次に何が出てくるかっていうのがすごく楽しみだったみたいで、最初の……そうですね（本をめくっている）、お手てのこのとき（第2

見開き）にすごく笑って、何もないところからお手てが出たのが面白かったみたいです。で、最後に一生懸命足をだすのに、ここ（第9見開き）の頑張ってるところで、この笑顔と一緒の同じくらいの笑顔をしたのがすごい面白くて（笑）。

佐　あー、出たっていうかんじのですね（笑）。どれぐらいのとき？

角　それはちょうど、上の子が2歳ぐらいのときです。で、これ（『おつきさまこんばんは』林明子／福音館書店）も上の子のときなんですけど、これはせりふを覚えるぐらい、毎回毎回読んで、あの、一緒にこの「くもさんどいてどいて」（第6見開き）のシーンでは、もうほんとに「どいてどいて」っていうかんじで、一緒に言ってたんですよね。最後も、「あーよかった」（第8見開き）っていうかんじで、一緒に、言ってくれてました。で、なんていうんでしょうね、上の子の場合は特に、何回も「よんで」って言うんですよ。一回終わったら、「もう一かいよんで」って言われて、ほんとに好きな本はもう三回、四回って読まされて、この本もそうだったんですよね。それで、せりふを自分で、予測できるぐらいまで覚えて、それで、一緒に読みたい、みたいな感じなところが見受けられて……。

●──直接的な経験を共有・共感するおとなの存在

絵本の中のさまざまな出来事を自分の日常の経験にかぶせたり、広げたり、応用したり、深めたりというケースは、本書でも数多く紹介しています。「こうやったらね、痛くなかったかもしれない」は、自らの「失敗」の解決方法を何度も現実に置き換えてシミュレーションしています。この発言が意味をもつのも、「あーそういえば落ちたな」というように、そのことを共有しているお母さんの存在があってはじめて成立する精神世界です。

幼い子どもが育つ上で大切なことが、ここにはたくさん含まれています。つまり、すべてのことは、直接的な経験を共有・共感し続ける父母（おとな）の存在を手がかりにして精神世界は育まれるということです。子育てにはどのような効率化も省力化も、不可能です。そのことが、ともに暮らし人生を生きるという、人間という種の味わいであると思います。

技術革新や効率化やシステム作りが商品経済の根幹をなすものであるとすれば、人を育てることや家族を作って暮らすということは、その価値観が対極に位置すると考えています。市場社会のシステムと家族社会のシステムが、相対立する矛盾を含みつつ成熟するものであるとするならば、どこかですっぱりと時計の時間（会社の時間）と別れ、家族固有の時間を創出するしかないでしょう。そうでない限り、いくらお金を費やして子育てを社会化しても、少子化は止まらないでしょう。

あと2冊の絵本は、典型的な赤ちゃん絵本であり、リズミカルな文章と場面をちょっとした緊張感で止める、緩急の呼吸が赤ちゃんに好まれるのでしょう。

2　わが子にじっくり読んでみて繰り返すことの意味がつかめる

角　幼稚園の先生やってるときに、繰り返し読むのがいいっていうのは聞いてて、その、三十何人を前に、読んでてもあまり実感がわかなかったんです。自分の子どもと一対一で、何回も「よんで」って言われ、何回も読んでるうちにそういう変化が見られて、「あ、こういうことを言ってたのかな」っていうのを、親になって分かった気がしました。

［角さんは、幼稚園に保育者として5年間フルタイムでお勤めになり、お子さんが生まれてからはパートで継続されています。現在は、パート3年目です。］

その、毎日繰り返し読むのはいいっていうのは分かってたんですけれども、やっぱり絵本に興味がない子もいれば、興味がある子もいて、そういう実感があんまりわかなかったんです。けれど、自分の子でやっと、絵を細かく見られるとか、ストーリーに入っていけるとか、そういうのが実感できたなって思いました。この絵本もそうなんですよね。

佐　よく出てきますねそのことは。

角　それで、このシリーズ3冊（『赤ちゃんにおくる絵本1・2・3』作・絵とだこうしろう／詩のろさかん／戸田デザイン研究室）があるんですけど、あの数字のほうはあんまり興味がなかったんですけど、この1と2は、好きでしたね。

佐　ずっとこう、命名していかれるわけですか？　ゾウとか。

角　ええ、最初はこうやって一緒に読んでたんですけど、そのうちめくるだけで「ハナー」とか、「ネコー」とか言っていました。で、こういうのは分かるんですけど、「かみにんぎょう」とかそういう難しいのも出てきて、「おりづる」とか、自分が知らないものでも、絵を見ただけで「おりづるー」とかって、言ってくれるぐらいまでずっと好きで、読んでたんですよね。なので、なんか、「ああ、すごいなあ」と思って……。最近ちょっとこれを読んでないんですけど、一時すごくはまっていて。

佐　それは、何歳から何歳ぐらいまででしょう？

角　3歳ぐらいですね。あの、言葉は早くからしゃべってたんですけど、ものに興味が出てくるにつれていろんなものに、「あれなんっていうの？」とか、「あれはなに？」とかそういう風によく聞いていました。そんな時期だったので、いろんなものが出てきて嬉しかったっていうか……。

佐　ああ、命名できてきてね。なんか、気に入ったものに関しては、たとえば途中でそれにまつわる経験をしゃべっちゃうとか。靴のときは、自分の靴のことをしゃべるとか、そんなことはなかったですか？

角　いや、これに関してはそれはなかったです。

佐　もう命名の本ですね。

角　そうですね。どんどん、もう先に行って行ってというかんじで、トントントントンって行ってました。でも、必ず言えないのがあるんですよね。乳母車かなんかが出てきて、あのときの文章が「おさんぽ」っていうのでした。それがなんで？　みたいな。自分なりに理解ができないっていうか……。

佐　お子さんによってはちょっと飛んでますもんね。それはそれで良いんですが、抽象的な概念ですから。

角　それがなんか不思議だったみたい、何回見てもそこはなんか違うことを言ってたんですよね。それで、なんか面白いなーって思って……。おとなってすぐ、こう字のほうに目がどうしてもいっちゃうじゃないですか。だけど、子どもは確実に絵のほうを見て、発想をこう膨らませているんだなあと思って。で、わたしもゆっくり絵を見て、読んであげるようにはしているんですけど、なかなか字しか見てなくて。子どもが、「あんなところにこんなのがあったよ」とかって言われると、「えー！」みたいなところがありましたね。

●――集団の読み聞かせ、個人的な読み聞かせ

『赤ちゃんにおくる絵本1・2・3』は、昔から「ものの絵本」と呼ばれていた伝統的な赤ちゃん絵本です。赤ちゃんの身近にあるものが美しい色と単純で明瞭な線で描いてあります。角さんは幼稚園で何年も集団での読み聞かせをされていましたが、子どもが絵本を繰り返すということの意味が、わが子の個人的な読み聞かせの中ではじめて理解できたと話しておられます。

そのことは、わたしにはとてもよく分かります。集団はいくら年齢が近いといっても、不特定多数の文化や育ちを生きている子どもたちの集合です。読んでもらっている子どもたちは、それぞれに個別の感情や心象を生み出していると思うのですが、やはりおとなは保育者一人です。家庭のように、細かい部分までの共有や読み合いは不可能です。他のお遊戯や遊びなどとは違い、絵本を読み合うことは、とても抽象レベルの高い知的活動です。

複数の子どもがいますと「ストーリーに入る」という姿勢も千差万別で、読み手はそこまでひとりひとりに共鳴できません。もちろん集団で読み合うことの利点があることも事実です。自分の読みを子どもが各自、表現できはじめると、細かいところまではできなくてもお互いの読みを共有して、自分の読みを変えてゆくこともできます。絵本からごっこ遊びや劇遊びが展開できるのも、集団ならではの利点でしょう。

なぜ繰り返すのかについては、他のところで述べますのでここでは触れませんが、おとながピアノの練習やスポーツの技術を習得するのと同様に、幼い子どもも、文章のテクストを読み取る

ために何度も何度も繰り返すのでしょう。

3　月刊絵本の効用――親の好みで拘束しない

角　幼稚園に勤めているときから、月刊保育絵本みたいなのをとっていたので5年間でかなり絵本があるんですよね。それで、自分が本屋さんで絶対買わないだろうなっていう絵本もやっぱり届くじゃないですか。それで、子どものいないときは、読んでない本がかなりあったんですよね。で、最近毎日持ってくる中で、「ママの読んだことのない本をなるべく持ってきて」って頼むと、最初のうちいろんな絵本を持ってきてたんですけど、そのうち、その……なんでしょうね、民族系のたとえば『とうもろこしおばあさん』（アメリカ・インディアン民話／秋野和子再話／秋野亥左牟画／福音館書店）って知ってますか？　外国の、なんかアメリカのとうもろこしのはじまりのお話なんですけど、絵だけでみると、すごく怖い絵なんですよね。それを持ってきたりとか。『ずるがしこいジャッカル』（チャメリ／ラマチャンドラン・ぶん／木坂涼・やく／福地伸夫・え／福音館書店）ていう本を、あれを、絵だけで見ると、結構強烈な絵なんですけど、そういうのを選んでくるんですよ、最近。

で、何がいいのかちょっと分かんないんですけど、そういう本を持ってくると、親がいいと思って買うのっていうか選ぶのと、やっぱ子どもなりの何か感性があって選ぶのとで違うので、その月刊絵本をとってて、よかったなって言うのが実感です。それがなくて本屋さん行ったら、わたしは絶対買わないだろうなっていう本を子どもが選んでくるとやっぱり買わない。

絵とか色合いとかで選んでるのか、話が面白いのかちょっと分かんないんですけど、こういうのは何かこう、やわらかいタッチで子どもによさそうかなあ、なんておとなの観点から選んじゃっても、子どもはどうなのかなってちょっと考えさせられたところもあったんですよね。

佐　どこの月刊絵本ですか?

角　福音館の「こどものとも」だと思います。あ、あと星の本とか自然の本とかも、結構最近興味がでてきましたね。

佐　なんか、すごくこう、あの日常の絵の中に出てきたりとか、ごっこ遊びになったような絵本とかありますか?

角　あー、あのやっぱり、お話の「狼と七匹のこやぎ」とかそういうのは、読んだ後にはやりたがります。あの、ドアのところでママが足や手を出して、絶対わたしは狼役なんですけど(笑)、そういうのをやりたがりますね。なにかドアを見つけて、窓っぽいものがあったら、「こっからてをだしてみて!」とか、そういうのはやりますね。

佐　『たんたんぼうや』(かんざわとしこ・ぶん/やぎゅうげんいちろう・え/福音館書店)も出てましたた

ね。

角　『たんたんぼうや』は上の子が、小さいときに大好きだったんですよね。あの、繰り返しが好きだったみたいです。

佐　ああ、「たんたんたん」ってね。

角　「たんたん」あの、「みんなが歩けば何とかもたんたんたんたん」っていう。わたしが読んでても気持ちがいいかんじで、読みやすかったですし、その繰り返しの響きが面白かったみたいで。あと、みんな寝ちゃいますよね。

佐　そうですね、ごろーんと。ライオン「わおーおん」から出てきて、ごろーんと寝たらって。

角　はい、そこも、何か面白かったみたいですね。上の子が興味ありました。

セット絵本の功罪

子どもにセットで絵本を買うことについては、賛否両論があります。買う側の親の立場からすれば、選び方が分からないから便利でよいとか、買いに行く暇がないからなどという理由が多いようです。わたしは、絵本のまとめ買いは選書のレベルにもよりますが、あまり賛成できない立場をとっています。月刊絵本なども幼稚園や保育園からの直販方式で、ずいぶん多くの子どもたちの手に渡っています。

毎月、自動的に安価で手渡されるため、多少気に入らない絵本に出合っても定期的に購入している家庭は多いと思います。一冊ずつが高価であれば考えてしまいますが、角さんのようなケースに出合うと、そのような効用があることに気づきます。

さて、長女のサリさんはお母さんの「やわらかいタッチで子どもによさそうかなあ」という絵本ではなくて、もっと力強いタッチの木版画の絵本や、がっしりとした骨格をもつアメリカ・インディアンの民話へと興味を移して行っています。とうもろこしの起源を描いた秋野亥左牟の力強くて不思議な様式美をもつ絵は、子どもたちに「今ここ」を離れてインディアンの人々の暮らしへと誘います。サリさんは、成長とともに物語のもつ不思議な面白さに、どんどん引き込まれて行ったようですね。

4　一挙に20冊を読まされた日の夜に陣痛が来て第二子を出産

佐　なんか、絵本を全部読まされた日があったとかおっしゃってましたね。

角　そうなんです。あの、ちょうど下の子が出産の日に、わたしは予定日より2週間早かったんですけど、その日に限って、すごく絵本を持ってきたんですよ。20冊ぐらい。で、ガバーッて積み重ねると、「これぜんぶよんで」って言われて、全部読んだんですよ。そしたらその夜に陣痛がきて、1週間入院したんですよね。
だから不思議で、偶然かもしれないんですけど、そんな日ってあんまりなくって、で、たまたまわたしも何でか読んだんですよね、その20冊を。それで何か、後から思えば、何かあるのかなって思うけど、それは不思議だったんですよね。

佐　あと、1週間分を全部読んだ（笑）。

角　だったのかなんか分からないですけど（笑）、そんな日もありました。わりと上の子は絵本が好きなんですよ。あの、物語系が好きで、下の子は最近、半年前くらい前からやっと、黙ってってていうか、聞くようになって、それまではもう、めくるのが楽しくて、「めくってめくって」って、「まだ読んでないよう」みたいな（笑）。そんなかんじでした。
で、最近、上の子4歳なんですけど、たとえばページで、「すると……」とかって言って次のページをめくる本とかあるじゃないですか。「すると……!?」みたいなかんじで、もう絵本に入ってるんですよね。「それで!」みたいな。「だるまちゃんシリーズ」（加古里子さく・え／福音館書店）とかも、あれ字がたくさんあって、吹き出しみたいなかんじなので（会話が多い）あんまり読んでなかったんですけど、最近もう大丈夫かなと思って読み始めると、それがすごい。

佐　「さあどうなる、さあどうなる」っていうあれですね。

角　そういうかんじで、次のページをめくるんですけど、それがもう、のめりこんで真剣ですね。

「すると……」っていうと、「すると!?」みたいな。『だるまちゃんとだいこくちゃん』は、「え！　だいこくちゃんは?」みたいな。「はやくめくって！」と言われると、何か読んでるほうも楽しいし、あの子も面白いんだなあっていうのを感じますね。

下の子の場合は、黙って聞いてるんですけど、ま、それはそれで、なんか、真剣に聞いてるのかなあって思って。そういうタイプと上の子みたいに、「えー、どうなるのー！」と話に入り込んでくるのでタイプがまったく違うんですよ。

『とんことり』（筒井頼子・さく／林明子・え／福音館書店）も、お引越しで来て、あの、「とんことり」って入るところとか、字が小さくなったりするじゃないですか。わざと小さい声で「とんことり」って読むと、「あ、いまポストにはいったかな?」とかいうんですよね。

佐　表情豊かなんですね。

角　そう、そうなんですよね。なんか、お話が大好きで、上の子のほうがリアクションはいいかな。でも、年齢もあると思うんですけどね。最近そういうのがはっきりしてきて、だからこっちも絵本を読んでて、やっと楽しくなってきたっていうか。

言葉にならない理由

一挙に20冊を読み続けたら、その夜に新しい赤ちゃんがやってきたというのは、偶然なのか子ども自身が何かに促されて要求したのか、不思議な面白さがあります。ときどき、子どもは何かの拍子に、数十冊の絵本を立て続けに読むように要求することがあります。おとなのほうはうんざりするのですが、それでも引きずられて読み通すことになります。

子どもは子どもなりに理由があるわけですが、もちろん言語化できるわけではありません。サリさんの場合は何かが耳元で、あと1週間は絵本をよんではもらえないぞとささやいたのかもしれません。雨が降って退屈だったとか、ちょうど、言葉が猛烈な勢いで分かりはじめ物語に開眼したとか、最近はお母さんとゆっくりと向き合う時間が少なかったので、それを取り返そうとしたのか、答えはいろいろに考えられます。

そんなとき、「どうしてだろう」と考える機会にすると、子ども理解が進むと思います。同じ絵本環境にありながら、二人の姉妹の読み方や好みが異なることなども、子どもの個性を知る上でとても不思議なよい機会です。

5　勝手に「めくらないで！」――文字に興味が出はじめて

佐　今は、なんか傾向は変わってきてますか？

角　あの最近、上の子なんですけど、文字が書けるようになってきたんですよ。それで、なんていうんでしょう、簡単な字を読みたがるんですよね。なので、なんか、わたしのスピードで読んでいたら、「めくらないで！」って言って、読むまで待っててっていう感じなのはあります。

佐　どんな本だったら読めますか？

角　あ、ひらがなに興味があるので、どんな本でも、一緒に自分で持ってきて、題名とかを読んでいますね。それで、たとえば、こぐま社とか、「こぐま」まで読んで、「えっえっ？」とか「え？これってなんてかいてあるの？」とかっていうところから始まり、「これは漢字っていってね」っていう広がりはあります。あと下の子なんですけど、必ず、絵本の題名を読んで、ここ（作者など）を読むんですよね。そしたら、普通に遊んでるときに「わかやまけん」とかって言ってたんですよ、このあいだ。

佐　え！　どういうときに出たんでしょうね。

角　何にも、ぜんぜん関係ないときに、遊んでて、何か、ボーっとしているときに「わかやまけん」とか言ってて、「えー！」とか思って。で、最近この絵本はほんとに毎日読んでるんで、耳に残ってたんでしょうね。それは驚きでした。

佐　「わかやまけん」って憶えやすいですね。で、何をなさってるときですか？

角　なんでもないときですね。ほんとになんか、ブロックか、積み木か、なんか、あ、ハンカチでお人形遊びかなんかしてたときですね。ボーとしているときに、突然「わかやまけん」とかって言い出して。

佐　あれかな？　こぐまちゃんでも作ってたのかどうなんだろうね。

角　いや、そういう関連性はなかったと思うんですよね。あの、なんか……。

佐　いや、それよくあるんです。たとえば、子どもだけそこに遊ばせとくでしょ。それでたとえば、なんかに書いてあったかな、おばあちゃんかお母さんが汚い言葉使われて、「くそったれめ！」なんか言うと、向こうでまったく関係なく遊んでいる子が「くそったれ！」と、ボソッとつぶやくみたいな（笑）。何にも脈絡ないのにね、オノマトペのように調子よく響くのでしょうね。だから聞いてるってやっぱり。

角　そうなんですよね。だから、「わかやまけん」には笑いました（笑）。で、上の子もすごい笑って、分かってて、「まーちゃーん！」とか言って、「わかやまけんっておぼえてたの？」かなんか言って、「あなたも憶えてたの？」みたいなかんじで。びっくりしたんですけど（笑）。でなんか、一緒に言うんですよね。で、必ず、「こぐまちゃんいたいいたい」って言ったら「わかやまけん」って、最近はよくそれを言うんですよね。それも面白かったですね。

●生活の中の学び

日本の子どもたちが、家庭の中でこんなにも言葉というものに細やかに対応してもらっているから、世界でも断然、識字率が高いのでしょうね。ごく自然に絵本のある生活、さまざまな文字・活字文化に触れる生活があることの幸せを感じます。それゆえ、このような子どもたちにとっては、とってつけたようにカードを使ったり、生活から文字だけを切りとったような教材で文字を読ませたり書かせたりする必要がないのでしょう。

絵本のタイトルを確認した後、作家や画家の名前も読もうとすることは、知らず識らずのうちに、社会の中には作家や画家という仕事のジャンルがあることも知ってゆきます。それにしても「わかやまけん」は面白いですね。人気のある作者の名前はよく憶えていて、日常の中でも若者のアイドルのようにリズミカルに飛び出してくるようです。好きな画家の絵のタイプや画法などもよく記憶していて、書店や図書館で見つけると名前を呼んだり買ってほしがります。

6　ビデオを見ているときは、話しかけても聞いてくれない

角　そうですね。下の子まだ、うーん、ビデオとかの影響もあるので。

佐　あー、ビデオはどんなものをご覧になってますか？

角　最近、そうですね、いろんなものを見るんですけど、ディズニーのもの……。大好きなんですよ、

「リトルマーメイド」の主人公のアリエルが。それで、粘土を造っても人魚、絵を描いても人魚、人魚にはまってるんです。そうですね、あと、ビデオでしたら、あの、「かさ地蔵」とかそういうビデオもちょっとあるんですけど。そういうお話も、上の子はすごく好きで、そういうシリーズ、あの、昔話系の「桃太郎」とか、そういうお話はほとんど知ってるんですよね。あの、小さな絵本がありますよね？

佐　日本昔話。あのシリーズが一時ほんとにすごくほしがって、あのシリーズを何冊か揃えたことがあって、それで、そういう「ももたろう」とか好きで、「さるかに合戦」の紙芝居が家にあるんですよね。で、「さるかに合戦」の紙芝居を読んだときに、「さるかに」ごっこをやりました。絵でカニとかを作って切って並べて、やってました。上の子なんですけど、それは、３歳ぐらいのときですかね。上の子はすごく絵が上手、上手というか好きなんですよね。ほんとに絵を描くのが好きで、で、自分でカニとかを描いて、はさみでなんとなく切って、木とかも……そうですね、木とかもこう、描いて切って登らせて、という風に遊んでいました。だからお話の内容を、理解できてるんだなっていうのは感じましたね、そのときに。

角　そうですよね、再現できちゃうんだから。

そのときの紙芝居も、何回も読まされたんですよね。で、紙芝居を幼稚園のときからやってて、紙芝居もいいかなと思って、やって、紙芝居も大好きで、で、一冊「さるかに合戦」の、こんな小さいのがあったので買ったんですよね。すごく何回も読まされて。

佐　あの、ビデオを見てらっしゃるときの様子と、絵本をこう読み聞かせてらっしゃるときの様子で何か違うことってありますか？　あんまりないですか？

角　そうですね、ビデオのときは、あのうやっぱり話しかけても、もう真剣で、もうぜんぜん聞いてくれないしあれなんですけど、絵本は、わたしのペースで読むので、途中でこうゆっくり止めて絵をじっくり見せたりとか、あと、子どもが「ちょっとまって！」って言って前に戻ったりとか……。あの、もう一回前を見せてっていうのがあるので、どっちかっていうと、ビデオも大好きなんですけど、絵本のほうが、何回も読んでって言いますよね。

●――お話を作る

わが国には、絵本、ビデオ、紙芝居など、ほんとうに豊かな子どもの文化財が整っています。質を問えばさまざまな問題が出てくるでしょうが、読み続け見続けることでしか選択能力は育ちません。ビデオや絵本から感じたこと面白かったことを、粘土や描画それにごっこ遊びにも発展させてゆきます。サリさんは切り絵を使ってお話を再現させて、演じてみることもやってます。このようにさまざまなジャンルに変換させて繰り返すことで、子どもたちはより鮮明な表象や言葉、それにそこから立ち上がる想像力を楽しんでいます。

あるとき、附属幼稚園に出かけて3歳児が粘土でヘビを作っているのに出合ったとき、「何を作っているの?」と、問いかけてみました。すると、その女児は「お話を作っているの」と答えてくれました。普通、年長児などに同じ質問をすると、だいたいはそのとき作っていたものの具体的な名前を、「かいじゅう」とか「とり」などと教えてくれるものです。しかし、彼女の場合は3歳という年齢的な特徴なのか、個性なのか判断できませんでしたが、「お話を作っているの」と答えてくれたのです。これこそが、ほんとうの答えではないかと感心しました。

手のひらの中には、ほんの小さいひものような固まりがあっただけですが、その女児のイメージの中には、ほんとうにさまざまなお話が渦巻いていたに違いありません。でき上がった目に見える「そのもの」は、確かにある「もの」の形をとっていますが、そのプロセスは、まさにお話作りなのです。このことは、プロの芸術家もおなじことでしょう。絵本や紙芝居をきっかけに作った粘土や折り紙、描画や切り紙などの遊びには、おそらくこのような複雑な精神世界を育む力があるに違いありません。ですから、いつも真剣な眼差しと集中力で没頭しているのでしょう。子どもが一人で静かに遊ぶ時間も保証してやりたいものです。

絵本というメディアの特徴は、自分の思考のリズムとペースでゆっくりと進めることができますし、ページを後戻りして確認することもできます。ビデオのようにビデオのスピードに従う必要もありません。絵を読み、文章の行間を読み、「間テクスト性」から生まれるイメージの広がりや結びつきもあります。そこに生じる思考や想像性の容量が、とても大きいと言えるかもしれません。読んでもらっているときの表情の変化を追っていますと、遠くを見るような目つきや読み手への鋭い視線、笑い顔にも破顔、にんまり、うふふなどの違いがあり、時には涙やよだれまで落ちてきます。

考え質問し、泣き笑い、ため息を漏らすなど、子どもたちの心の在りかは「今ここ」を離れて、どこまでも自在に伸びていきます。絵本を読むことは、何かを与えられるというより、創り上げる空間のほうが多いように思います。もちろん、ビデオには動きも音もあり、子どもたちにとっては魅力的なメディアです。しかし、生まれてまだ数年しか生活していない幼い子どもたちには、自分がもつ能力の中でも基本的な力を担う、知覚すること、表象すること、心象を鮮明に保つこと、感情を弁別し複雑に分化させること、考えること、想像することなどを、じっくりと育てたいものです。

7 親子で呪文を唱えて共演した絵本

角 あと、『めっきらもっきらどおんどん』(長谷川摂子作/ふりやなな画/福音館書店)も大好きで、最後のページで、あの呪文を忘れちゃって、あなたなら分かるかな? みたいなところがあるじゃないですか、それでそのときはもう何回も、その呪文が憶えたくて、もう一回読んでって、結局覚えちゃったんですよね。それで、その呪文を言ったら、絶対出てくるとかって言い出して（笑）。だから「おたからまんちん」とか「もんもんびゃっこ」役をさせられたんですよ、わたし……。そのときは、一緒にやってへとへとになりました。一日、めっきらもっきらごっこで。そして、お餅が出てくるじゃないですか、「それどれにする?」とか言って、なんか見立てて「これおもちだ」とか言って食べる真似っこもしました。なりきるの好きなんですよね、そういう世界に入り込むの大好きで。親がのってやればどんどんやる子ですねえ。

佐　のれないと、やっぱりうまくいかないわね。

角　そうですね。だから、（姉妹）「ふたりでやんな」とかって言うと、終わっちゃうんですよね、遊びがやっぱり。

佐　もたないですよね。おとなみたいに明確なストーリーが作れないから。

角　だからそのときは「めっきらもっきらごっこ」は、すごいはまりました。わたしもなんか、喜んでやってたんですけどね（笑）。あれは幼稚園の子にも人気ありますよね。最初見たときに、うちの子どもたちは「おっかない」って言ったんですよ。わたしは幼稚園で読んでて面白いの知ってたんで、本を購入して、最初に読んだときに、「ママ、これおっかないからやだ」って言われてびっくりしました。表紙を見たときかな?　で、「おちる　おちる　おちる」っていう場面がほんとうにおっかなかったみたいで……。だけど最後まで行くと、もう一回ってなったんで、あーなんか面白かったのかなあと思いました。すごい上の子怖がりなんですよね。

で、『ねないこだれだ』（せなけいこさく・え／福音館書店）とかも、ちょっと脅かしちゃったんですけど……。

佐　みんな脅かされてますからね。9時だよ、9時だよとかいってね。

角　あ、でもあれでお化けの絵を描くようになりました。そういえば。あの、キューっていう。（しっぽがスウーと消えてゆく形）。こういう簡単な絵なので……。

佐　でも、泣くほどは怖くなかった？

角　泣くほどは、怖くなかったみたいですね。

●――イメージのつなぎ役としてのおとな

親子で演じたり歌ったり、役を振り分けて劇ごっこへと展開したりなど、子どもたちは読み手をも巻き込んでさまざまなことをやりたがります。特に幼いときは、子どもたちだけではイメージがもちきれず、すぐに分解してしまいます。そこは、おとながストーリーやイメージのつなぎ役として強力に支援をしなければなりません。

幼稚園や保育園などで、保育者が誘導しつつ集団でごっこの世界が創り上げられてゆくと、クラスをあげての一大イベントとなり、子どもたちの人間関係を大きく育てることがあります。

また、4、5歳くらいになると、逆に自分の思いが強くなり、おとながそのとおりに動いたり演じたりしてくれないと、むくれられることもあります。

8　しつけにも役立つ絵本

佐　だいぶこう、寝るのに役に立ちました？

角　えーっと、それを読んだ最初のころは、役に立ちました。一週間ぐらいですね、でも。

佐　おとなだったら効かないわね。

角　下の子は今、効きます。それで、お姉ちゃんが言ってくるんですよ。「ねないとねー」みたいなことを。そしてこの絵本を持ってくるんですよ。「あなたもだよ！」みたいな。「あなたも9時にねてよ、マリちゃん」とか言って。2歳しか離れてないのに、「ねないとつれていかれるよ」みたいなことを言うので、「まとめてつれてかれるよ」って言いたくなりますよね。

佐　あ、自分じゃ分かってるはずなのよね。そんなのはないって分かってるんだけど、言ってみたいっていうか。

角　そうなんですよね。特になんか最近ませてきて、何か、子ども番組の、歌かなんかを聞いてるときに、なんか、「お月様かなんかを取りたい」みたいな歌詞が出てきたときに、「イヤーそんなの届くわけないよね」っていうことを言い出して、悲しかったです。わたしが「いや、届くかもしれないよ」とか言っても、「そんなことないよー」とか言われるから、「思いっきりジャンプしたら届くかもよー」とか言ってしまいます。

佐　そしたらどういう顔されます？

角　「えっ?」って。「えっ!」……でもっていうかんじ。

佐　あー、まだ半信半疑。

角　そうなんですよ。で、なんかわたしの言うことが、絶対って言うところがあるんですよね、何かまだ。で、他の人が違うこと言ったら、いや、ママがそう言ってたからとかっていうのがあって、何かちょっと怖いんですけど。「教祖様」になってるんですよね、まだね。なので、こう、「へ?」とかって言うと、今まで自分が確信してても、「え?」みたいな。ママが言うなら届くかも、みたいなところもあるんですけどね。

●——しつけ絵本とタイミング

絵本は、しつけの実用書としてもずいぶん役立つことがあります。食べ物の好き嫌いやトイレットトレーニングなどに、よく利用される定番絵本があったりもします。『ふくちゃんのすてきなぱんつ』などは、ユーモラスにゆっくりとトレーニングをするお母さんが出てきます。わたしが室長をしている鳴門教育大学附属図書館児童図書室でも、何人ものお子さんがこの絵本でおしめを上手に卒業したということを聞きました。

ただし、当然のことですが、「その時期」が来ていないお子さんに読み聞かせても、効果はありません。子どもの性格によっては、絵本は絵本として面白く笑い転げているのですが、自分のおしっこは相変わらず「じょじょじょ」と漏らして、どこ吹く風と知らん顔の場合もあります。絵本は絵本、自分は自分という見事な割り切り方です。

トイレットトレーニングでも好き嫌いの克服でも、決められた時間にお布団に入ることでも、子ども自身が「そろそろそちらに向かわねば」という自覚が見え始めたときに、後押しをするくらいの役目と考えたほうが間違いないでしょう。

第4章

お父さんが選んだ絵本
――「俺は読むの下手くそだから」

自分も昔読んでて、本屋に行ったらこれがあって、で、ちょうどこの、今のサクラちゃんと内容が似てるっていうかね、下の子ができてお母さんが忙しいっていうので買ってきたっていうんですよね。

語り手　和田智世さん（30歳）
聞き手　佐々木宏子
インタビュー対象児　第一子桜さん／女（5歳8ヶ月）平成10年6月4日生
第二子美希さん／女（2歳2ヶ月）平成13年12月21日生
実施日　平成16年2月21日（土）14時30分～15時30分

1　仕掛け絵本をおもちゃ代わりに遊ぶ

和　えーっと最初これだったと思うんです。これ（『いいおかお』ディズニーベビーあかちゃんえほん5／原田悦子文・絵／講談社）、0歳って書いてるし（笑）。もちろん文字は書いてないし、書いてあっても子どもは分からないんで。なんかこの顔とかを見せてたっていうか、「ミニーちゃんどんな顔してる？」とか言って真似させたりとか。わたしも一緒に怒った顔とか笑った顔とかっていうかんじで、うん、これは読ませてました。

佐　どれくらいの月ですか？　何ヶ月くらいのとき？

和　読み始め？　いつだったかなぁ。半年くらいのときに、もらったんですよね、これ主人の母から。わたしもちょっとねぇ、そんな0歳児に絵本ってどうだろうって思ったんですけれども、色もカラフルだし、こうまぁ、読むっていうよりはこうパタパタさせたり（前後に揺する）とかこういうかんじで、うん最初は。で、だんだん落ち着いてきたと同時にこの顔の表情とかいうのに関して、うん……。真似するようにするようにとか、わたしも真似したりとか、「どういう顔してるー？」みたいなかんじで聞いてみたりとか、うん。

佐　それを見て、表情が変わるようになったわけですね。

和　うーん、やっぱり初めての子ってね、わたしもどう、どうなんだろうみたいなかんじで、うん。もうとにかくおもちゃ代わりに与えてたみたいな面があったんで、もう噛んだりとかね、もう投げたりとかいろいろやってたんですけども。

佐　丈夫にできてるからね（笑）。それで、今度「いないいないばあ」ですか？

和　うん、こっちかな？　赤ちゃんだからこれかもしれない（『これなあに―（あかちゃん）』いもとようこ／講談社）。これは、1歳前後くらいだったと思うんですけども。

佐　これはどんな風な読み方をされました？

和　これは、うーん、やっぱり物の認識っていうか、これは赤ちゃん「使ってたねぇ」とか、そういうかんじで話しかけながら。で、「ご飯のときこれ付けるの、エプロンだねー」とか、うん、そういうかんじで、うん読んでたっていうか見せてたっていうか、うん。

佐　なんか、こんな食べ物なんかは取って食べる真似とか。すーっと飲む真似とかそういうことはなかったですか、特に。

和　そういうのはちょっとなかったかなぁ。うーん。

佐　そして次が、『いないいないばああそび』（きむらゆういち／偕成社）ですか。これは、ずいぶん「いないいないばあ」ってされました？

和　されました！（笑）。これちょっとねぇこれは（笑）めずらしくちょっとボロボロにっていうか、結構読んでますねぇ、うん。これは、1歳過ぎてたかも。

佐　これはどんな風に読まれました？

和　これはもう最初、普通にこうまあバアッーと読んで、怪獣が出てくるときがちょっとね、おっかなびっくりみたいなかんじで。これもやっぱり最後この、くり抜かれたかんじで、こう覗くとすごく喜んだり。で、自分でもこう覗いてみたりとか。で、何度も読んでるから次に何がくるっていうのがだんだん分かってきて、「つぎはかいじゅう？」とか、「つぎはおかあさんでしょ」とか、そういうかんじで。

佐　なるほどね。自分でもこれは、こう、いないいないばあとかは……。

和　自分でもこう、あの、ここまで読んで最後だけ自分で取って、顔当ててみたりとか。うん、そんなかんじでした。それからね、次にたぶんこれだったと思うんですよ。

佐　あ、『はらぺこあおむし』（カールさく／もりひさしやく／偕成社）ですね。

和　これ1歳半くらいのときに、近所の方からもらったものだったんですけども、ちょと文字が多いって言うか、うん。1歳児にはちょっとあれかなっと思って、最初はこの穴のところだけを、こう「リンゴを食べて」とかね、こういうかんじで読んであげて。「いっぱい食べたねー」とか、ここのページで。で、「どれが好き？」っていう聞き方をして、で、だんだんこう、2歳3歳になってきて、本文もしっかり読むようになって、こういう話なんだよ、みたいなかんじで、うん。

佐　どのページが好きでした？

和　うーん、やっぱりこの食べ物いっぱい出てきてるこの、ここらへんが、うん。（折り込みフラップページの形が、描かれた果物の数が増えるたびに大きくなるところ）。

佐　何か言いながら、見てました？

和　うーんここ（さまざまな食べ物が見開きいっぱいに描かれたページ）はね、こう同じように「いっぱい食べたねー」とか、「すごいねー」とか。あの、「そんなに食べて大丈夫なのかなー」みたいなかんじで、うん。

●――表情を読む

和田さんの場合は典型的な「ものの絵本」からスタートしています。生後、半年くらいの赤ちゃんに絵本を見せたとき、絵本に描かれた表情を読み手であるお母さんが真似をして再現してみせることから入っています。おそらく和田さんはこのような読み方を誰かに教えてもらったわけではなく、無意識に行っていたと思われます。

文字が書いてあっても赤ちゃんには理解できないことが分かっていますから、瞬時の判断で同じ表情をしてみせることになったのでしょう。「ほうら、こんな顔だよ！　お母さんもやってみせるからね」という気持ちに、近いものだったのではないでしょうか。このことをどのように表現すればよいでしょうか。「表情読み」とでも命名しましょうか。多くの親がこのような表情読み、ジェスチュアー読みを本能的に幼い子どもにやっています。

また、『これなあに』の中のエプロンを見て「ご飯のときこれ付けるの、エプロンだねー」というように赤ちゃんの経験を呼び起こし、認知・命名を促しています。これも一歳前後の赤ちゃんへの読み聞かせの典型です。赤ちゃん自身が日常生活の中で経験する活動や生活習慣の意味を言葉にし、そのことの意味を抽象のレベルへと引き上げる最初の一歩です。

また、赤ちゃんが絵本をわがものとするためのひとつの入り方が、この種の仕掛け絵本です。ちょうど、絵本とおもちゃが結びついたようなタイプの絵本があることはご存じでしょう。見開きの間に大小のフラップ（綴じ込みのページ）を挟み込んだもの、音の出るもの、時計の針や動物の手足がくるくる回転するもの、粘土や着せ替え人形がついたものなど数限りなくあります。(1)「絵本はこのような半分おもちゃではなくて、きちっとした正当なものを」という意見をよく聞きますが、わたしは楽しみながら、ここからスタートしても構わないと考えます。

「赤ちゃん絵本」と銘打たれたものを前にして読み方が分からず、途方にくれているならば、思い切って仕掛け絵本を使って遊びながら、ある部分の絵に興味を持たせて惹きつけたり、仕掛けを使って何かの会話をしたり、メロディを即興で歌ってみるのも楽しいものです。そのようにしている間に、だんだん子どもの好みや興味のありかがつかめ始めます。

2　お父さんからのお下がりの絵本

和　それから……それから次が、なんだったかなー。これ（『あなたのいえわたしのいえ』（加古里子ぶん・え／福音館書店）も……。これ主人のものです。お下がり。

佐　そう思いました。それ面白いですね。お父さんも好きだった。

和　ええ、主人の母も、おもちゃは買わないけど本はいくらでもっていうタイプの人なんで、うん。で、それで主人もすごくその本に関しては、選ぶのがすごくやっぱりわたしなんかよりも上手っていうか……。

佐　うちも今34歳の娘が、夢中になって読みましたね。お父さんの読み方と違うみたいですか？お子さんの読み方と。何かお父さんはおっしゃってますか？　違うとか、読み方が。

和　どうだろ、主人は「俺は読むの下手くそだから」みたいなかんじで、もう聞いてるだけで。主人からの意見というのは、あんまり聞かないんですけども。うん。

佐　とにかく好きだったって、お父さんが。

和　で、うん。実家にこれが眠ってたから。「サクラちゃんにも」みたいなかんじでもらったんですけども。

佐　どこのあたりが一番好きそうですか?

和　あのね、この最初のこのページで、この「いろんな　いえが　ありますね。あなたの　すんでいる　いえは、このなかに　ありますか?」っていうので、「これかな?」「これかな?」とか、「こんな大きないえだったらいいねー」とか、そういうかんじで、言ってまして、どこだったかな、あのう。

佐　「トイレもなきゃいかん」とかね、「窓もなきゃいかん」とかね(笑)

和　そう、あ、そのね、トイレっていう表現が、「べんじょ」って書いてるので、「べんじょってなあに?」って。やっぱりあの、分からなかったみたいで、「便所はね、トイレのことなんだよ」とか、うん。

佐　便所がないから外でやって、とかって(笑)。

和　で、こうやっぱりこう読んでると、あの、「壁がなかったら困るよね」とか「雨降ったら大変だね」とか。そういうので、「そうだね、そうだね」みたいなかんじで、なんか自分の中で納得しながら、こう、聞いていたみたいなかんじで。もうこれはホントにもらったときからいまだに読んでくれって持ってきて、そしたらそれを真似して、今度は下の子も読んでくれって言って。もらったときいくつだったかな、2歳前かなぁ。まだ読んでます。

佐　これも人気のある絵本ですね、いまだに読まれてるんだわ。だって30年ですよこれ。

和　だから最初もらったときちょっと難しいんじゃないかなと思って、あの隠してたっていうか他所に置いてたんですけども、引っ張り出してきて、うん。読んでほしいって言うから読んだら、意外にこれがまた、食いついてきて。

受け継がれる絵本

加古里子の絵本は細かいところまで丁寧に描き込んであり、子どもたちはその一つひとつを丹念に追いかけることが大好きです。一見、漫画風な軽さをもっているように思われますが、隅々まで力が抜かれていることなく、子どもの好奇心のツボをよく押さえています。時代とともに生活スタイルや家具調度、洋服などの感覚が少しずつ変化してゆきますが、面白さの核心は今もほとんど変わりません。『とこちゃんはどこ』（松岡享子さく／加古里子え／福音館書店）などは、30年以上人気を保ち続けています。

消耗品とも言われる絵本が、このように二代にわたって読み継がれるようになったのは、造本・装丁が丈夫になったことが、大きな理由でしょう。たとえば、1943年に出版された文献によれば、「絵本は何日でこわれるか」という問いに、一週間以内に壊れるが25％、一ヶ月以内に壊れるが合計60％となっています。(2)

絵本は、つい最近まで、一ヶ月以内にバラバラに壊れてしまうのが常識だったことを考えると、隔世の感がします。わが国の絵本出版が多くの読者によって支えられ、同じ絵本が数十年にわたって重版が可能になったことは、家庭文化の継承や親子関係の豊かさを保証するものとして、評価されるべきことだと思います。

一冊の同じ絵本を前にして、お父さんやお母さんの子ども時代が語られたり、その絵本にまつわるエピソードが子どもに伝えられるならば、その絵本はどんなにか家族の絆を結ぶものとなることでしょう。それは、何かの玩具や家具が代々継承されるよりも、もっと心の深いところで息づいているものだと思います。

わたしは孫が絵本を読むようになったとき、和田さんと同じように娘がとても愛着を示していた加古里子の『ことばのべんきょう1・2』(福音館書店)を、お下がりとしてそのまま送ったことがあります。すると、孫はそれほど興味を示さなかったのですが、娘のほうがとても懐かしがり、手あかの付いた絵本を何度も開いたようです。娘は自分の中の幼児期を鮮明に蘇らせつつ、自分の子どもの幼児期と付き合うというように、幼児期体験が入れ子構造になり、わが子への想像力が広がったことと思います。

3　初めて一人で読んだ本

和　後はこれ（『おんなじおんなじ』多田ヒロシ／こぐま社）かなぁ。これはこう何て言うんだろう、調子がいいってことと、うん。読んでてこうリズムが……。それですごく好きで、うん読んでましたね。

佐　でも意外に本が汚れてないですね、丁寧に読まれるのかしら？　普通わりにこうボリっと破れてたりとか。どんな顔で見てらっしゃいますか？

和　どんな顔？　もうねぇ出てくるもの出てくるもの全部同じなんで、じーっと見てるんですよね、うん。で……。

佐　真似はしません？

和　うん、あのね、真似するんですよね、「おんなじおんなじ」って言ってわたしが読むと、「おんなじおんなじ」とかって言って、それでずーっとこう続いて、で、最後にようやくこの違うものが、どこだったかな……。

佐　あ、ここで違っちゃうのね（最後から第3見開き目のページ。二人が逆立ちしたらポケットからコマとボールという違うものがこぼれ落ちてきた)。

和　うん。コマが出てきてボールが出てきて、うん。で「あーちがうのがあったー!」みたいなかんじで喜んでて、このリズムがすごくいいかんじで書いてるんで、字が読めなかったにもかかわらず、こう読んでる風にこうして、多少言ってることは違うんですけども、憶えちゃってて……。ま、絵が描いてあるんで、まあ、書いてる内容がこういうのだろうみたいなかんじで。これはだから、ある意味初めて一人で読んだ本。

佐　なるほど。

和　うん、記憶の中では、2歳から3歳くらいですね。

佐　で、ずっと読んでて「わー、字が読めてるんだなー」と思って5、6ヶ月経つとストーンと忘れて(笑)、あれは何だったんだろうと思うときがあるんですけどね、何か完璧憶えてますよね。

和　もう、うちの子天才じゃないかなって。

佐　そう、みんなそうそう!

和　思うんですよね! もうホント親ばかで、すごい。うん。「こんな本を暗記して読んでる!」みたいな(笑)。

あたかも文字が読めるかのように

「おんなじおんなじ」とか、「いっしょいっしょ」は、幼い子どもの大好きなフレーズです。同じものを持っているとか一緒のものがあることを発見することは、何だかとても嬉しくて心がキュッとなることのようです。お友達と同じカバンや靴を履いていると「うふふ」となります。どれくらいの年齢から、「おんなじ」は、だめになるのでしょうか。子どもの性格や個人差も大きいと思います。しかし、日本人は、「おんなじおんなじ」が大好きな文化をもっています。

絵本の種類や文章のリズムにもよりますが、2歳近くになると気に入った絵本のテクストをあたかも文字が読めているかのように、滑らかに語り始めます。知らない人がその場に居合わせると、一人で読めているのではないかという錯覚すら起こします。

絵をしっかりと憶えていて、間違うことなくその見開きの文章を「読む」のを聞くと、親は驚き、誇らしくさえなります。文字が読めて内容も理解できるというような、完全な意味での一人読みではありませんが、読むことがここから始まっていることは事実です。なぜならば、絵本には絵と文章があり、それを読むということで絵本は絵本としての機能を果たすものだということを、すでに文化として認識しているからです。

幼児は、その見開きを眺めて、まったく違うことをしゃべったり歌ったりしているわけではないのです。最初は聞き手の側に回っていた自分を、次には読み手の側に移しかえてゆこうとする関係の変換を試みています。このように最初は読むということを形の模倣から入ってゆきますが、

この絵本の読みの発達については、すでに第1章で触れています。

4 おばあちゃんから孫へ願いを託し手渡された絵本

和　で、次に、こっちだったかな、これ（『とけいブック』リーバン）は時計の本なんですけども、これは主人の母が買ってくれたもので、主人が学校あがるまで時計が読めなくって。（笑）主人の母がすごくそれで悩んだから。早めにみたいなかんじで。

佐　そうですね、これ好きですよね、うん。おばあちゃんが、早く英才教育やろうと思って。（笑）で、読めるようになりました？

和　読めるように、うーん、あのね。

佐　動かすほうが面白くって、みんな。

和　うん、で、あのう3時の数字だけはね、覚えてるんですよね、おやつの3時。で、この長い針と短い針はまだ分かってなくって、「あー3じ」とか、うん。そういうのでは、あの読めるようには、まぁなったかなってかんじなんですけども、うん。

佐　でも、普通小学校あがる前には、時計は分からないけどね（笑）。分からないですよ、まだ、うん。だからまだ普通5歳でも、長い針がここのところに来たらとかっていう言い方をしないと、まだ一般的には難しいですよ。

和　分かんない。やっぱりうちの子もまだ分かんなくって、早くやったからって……。

佐　やっぱりねぇ。時期がありますね。

●――継承される絵本の読み方

おばあちゃんが自分の息子のときに悩んだから、孫には早めに苦労をしないようにという発想は、意外に多いかもしれませんね。子育ての中でよくある悩みは、おしめが取れないとか、体重が増えない、言葉が遅いとかまだ歩かないなど、定番的なものがあります。このような生活習慣の自立にまつわることで、祖父母がさまざまな助言や支援をすることは、比較的多くあります。息子であるお父さんだって、「言葉が出たのは3歳近くだったわよ」とか、「お母さんだって小さい頃は歯が生えてこなくて、ハラハラしましたよ」などと聞かされると、新米の父母はとても安心できるものです。

そのような身近な両親への相談事に、絵本や児童文学の話題が入り始めたことはすばらしいことです。読書文化が文庫活動の推進や経済的繁栄を背景に、世代間での継承を可能にしたということでしょう。もちろん、ある職業や階層においては、かなり以前からそのような文化的継承が行われてきたことは、文献などによって知ることができます。しかし、子どもの文化の状況は、最近ゲームやアニメなどの映像メディアが隆盛をきわめています。このようなメディアは世代間に断絶があるので、残念ながら三世代でともに語り合うようなことはとても難しいでしょう。

そのような状況の中で、絵本は三世代で引き継ぎ語り合える貴重な文化財になりつつあります。わたしは三世代が一冊の絵本にどのように出合い、それが絵本を楽しむという状況にどのような影響を与えるのかといったデータを、残念ながら持ち合わせていません。予想されることは、ある特定の一冊の絵本が好まれ伝えられるというよりは、「絵本の読み方」のパターンが伝えられるというように思います。

わたしの今までの経験では、親子代々でぴったり同じ絵本が好まれるということは、それほど多くはないと思います。絵本には「おふくろの味」はそれほど伝わらなくて、むしろ生活の中で、どのように絵本を読むのか（扱うのか／位置づけるのか）が伝わるように思います。

5 寝る前に同じ絵本を読んでもらうのは安心感を得るため

和　それで、これかな『どうぞのいす』（作・香山美子／絵・柿本幸造／ひさかたチャイルド）。これは主人が買ってきて、後から幼稚園なんかの推薦図書にこれが載ってるのを知って……。あー、やっぱりセンス、選ぶセンスいいんだなあみたいなの（笑）うん。

佐　はい。この画家は「どんくまさんシリーズ」（至光社）で、著名な人なんですけどね、うん。ふんわりした優しい絵を描かれますよね。どんなところが一番好きだったんですかね。

和　うーんとねぇ、どこだったかなー。子どもの好みの絵だったみたいだし、で、次から次に動物がやってきて、あの食べちゃあ別の食べ物を置き、食べちゃあ置きの……。で、「最後はどうなるの？」みたいなかんじでもう、「次は？　次は？」みたいな、うん。で、最後はこの、どんぐりだったものが栗に変わってて。おやーって、うん。かんじで、これももう、どこが好きとかそういうのはなかったんですけれども、とにかくもう何回も読んでくれって言ってぇ、寝る前とかに持ってきては、昨日も読んだのに……みたいなかんじで。3歳過ぎ、だったかなあ。

佐　あ、そうですか。「ごっこ遊び」にもって行ったりとかでなくて、あの余計なことはあまり誰かに言わないで、ただ物語を非常に楽しむっていう、そんなかんじの読み方ですかね、うーん。これが同じ絵（『ごろりん　ごろん　ころろろろ』作・香山美子／絵・柿本幸造／ひさかたチャイルド）なんですね。

和　そう、で、これで「あ、おなじ絵だ」って言うので、買ったんですよねこれは。「続きかな？」みたいな、うーん（笑）。

佐　同じに満足できました？

和　ええ、これもあのー、椅子を作る。テーブルを作って、ウサギがこの広場にみんなが集まってくるようにってテーブルを置いたけど、座る椅子がないから、あのー、ウサギが徹夜で作って、次の日行ってみると人数分あったっていう話で。うん、これも、あのまったく一緒の、これと同じ登場人物っていうか、だったんで、やっぱりこれも「次は？　次はどう？」みたいなかんじで。あんまりどこがいいとか言わなかったんですけれども。

佐　あー、繰り返し繰り返し。

和　うーん。読んでました。あんまりねこう、親は読むのに毎日同じの持ってこられると飽きるって言うか、よく子ども飽きないなと思って、「母さんこれさっきも読んだのになあ」ってかんじになるのを……、その頃なんかの話で聞いたのは、子どもは寝る前に同じ絵本を読んでもらうのは安心感を求めるのもあるからっていうので、もうそれを聞いてからは、あの、文句を言わずに読むように（笑）っていうか。

佐　そうなんですよね。あの、自分がよく、ある程度よく知ってて、それがまたそのとおり繰り返されることとの安心感とか……。

和　なんか本人も内容はよく分かってるし、どういう展開かっていうのもねぇ、分かってるのに毎晩持ってくるから、で、その話を聞いてからは、そういうのもあるのかなって。ちょうどこの時期くらいに、わたしが下の子を妊娠してたのもあって、やっぱりこう赤ちゃん返りとかというのも、ちょっとわたしも心配してた面もあったから、もうそれは納得のゆくまで読んでやろうみたいなかんじで。この2冊は、そういうので読んでました。

佐　あれですね、長く長く一冊の本に愛着のあるタイプですね。

和　うん、しつこいくらい。

佐　だから繰り返すたんびに、別の世界が見えてくる可能性もありますね、うん。なるほどね。それで、別にこのことについて後で何か言うわけでもなく、ただ物語りの世界だけを黙って納得できるタイプですね。

和　うん、もう読んで納得。

佐　お母さんから見てらして、どういう性格だと思われますか？　お子さん。

和　お姉ちゃん……うーん。もうほんとうにね、あのー世話好きで、あのー下の子が生まれる前から、お友達の世話をしたりとか、で、結構周りに男の子の友達が多かったので、いつも「サクラちゃんって世話女房だねー」っていうかんじで（笑）言われてて、下の子ができてからも、心配してた赤ちゃん返りもなく、それもある意味心配だったんですよね。

佐　親だから何があっても心配（笑）。

和　で、あのーなんか我慢してるんじゃないかとか、うーん。でも、なんてことはない。幼稚園に入ってからも先生に聞くと、やっぱりお友達の世話をしてるらしく、なんか準備に戸惑ってる子がいると、「サクラちゃんがやってくれてるんですよー」っていう話を聞くから、そういう性格なのかなみたいな。

佐　性格っていうか。なんか自分で満たされてるんですね、そうすると。イライラしなくてすむ生活（笑）。でも、下にお子さんができられたとき、いくつくらいですか？

和　3歳半のときです。

佐　ちょっと妬くけどね、普通は。お父さんが代わりに関わられたとか。

和　まあ、それもあったんだろうけども、うーん、まぁこうね、べったりよりそってくるっていうのももちろんあったけども、その何て言うの、いわゆるなんて言うの……なんかおしっこ漏らしたりだとかね、ご飯一人で食べられないとかって駄々こねてみたりっていうのは、なかったんですよ。

佐　お母さんが、やっぱりかなり手かけられてたのと違いますか。満足できるように。

和　どうだろう、そ、うーん（笑）。何か「わたしがおしめ換える！」とか。

佐　えー！

和　言ってみたりとか、何て言うの「人形じゃないんだから」みたいなっていうくらい。ほんとうに。

佐　今でも、きょうだい仲いいですか？

和　仲いいですね。その分ちょっと下の子がね（笑）きかないっていうか、うん。お姉ちゃんのところが逃げ場になってるかんじで。

佐　あー。あ、お母さんに叱られると？　あ、じゃお姉ちゃんがお母さんの代わりみたいになっちゃうんですか。

和　そう、こういうかんじで（抱っこしてヨシヨシのジェスチュアー）（笑）。「お母さんに怒られたのかい」みたいな。（笑）

佐　「いい子だ、いい子だ」って。

和　その代わり、なんか女の子だしおませな部分もあるから、わたしの口調を真似してるのか、下の子が悪いことをしてるのをお姉ちゃんが見てると、「だから言ったでしょ！」とか。

佐　すごいですね！

和　なんかね、ホントね、すごいっていうのか心配っていうか、なんか紙一重のところっていうか（笑）うん、だからよく周りの人には「サクラちゃんしっかりしてるね」とは言われるんですけども。逆にそれがストレスになってないかなとか。そう！　ホントは我慢してるんじゃないかとか、たまに思うけど。そうでもなさそうな気もするし、うん。

佐　お子さんも進化していってるかもしれない。（笑）いや、そう思うときがあります、こう時代とともにね。何かすごい物分りがよくて、そんな無理に従うとか、下にきょうだいがいるって最近少ないですけどね。危機がなくって。でもやっぱり、どっかで満たされてます、それは絶対に。

和　あー、だといいんですけど、うーん。

●繰り返し読むこと

同じ絵本を繰り返して読むことは、幼児期の特徴のひとつです。サクラちゃんのように毎晩寝る前に同じ絵本を読むことを要求する子どももあれば、まったく違う絵本を持ってくる場合もあります。同じ絵本を持ってくる場合、このような就眠儀式的な場合もあれば、そうでないこともあります。とても個人差があります。

この繰り返し読むことの理由の多様さについては、第6章で触れますのでそちらを参照してください。絵本の中に「それではみなさんおやすみなさい」という文章を勝手に作り、それを想像しつつ眠りの前の絵本として選んだなどということもあり、繰り返しの理由はまだまだ未知の世界です。

親ができることは、子どもの選択や繰り返しには何か理由があると心得て、丁寧に応じてやるしかありません。さりげなく、聞いてみることもよいでしょうし、子どもが繰り返し聞いているときの様子を静かに観察し、どこに興味をもっているか知ることも、親としては幼児理解が進み興味深いことです。

6　お父さんが第二子誕生の生活に合わせて選んだ絵本

佐　これは、『はじめてのおつかい』（筒井頼子さく／林明子え／福音館書店）ですね。

和　そう、またこれもその、何て言うんでしょう、やっぱりこれもお母さんが赤ちゃんの世話をして忙しいから手伝ってってていうのを、うん、実生活とかぶせて、読み聞かせて。

佐　で、これもすんなり読んでくれます？　ああ、どこのページが好きでしょうか。別に特に、淡々と？

和　うん、特に、これも淡々と読んでて、これを買ったときが、幼稚園年少入ってすぐくらい。そう、下の子が生まれて間もなくくらいだったので。で、この登場人物のこの子（姉）は……。

佐　わたし（サクラちゃん）？

和　わたしは5歳……えーっとどっかに書いてたんですよね。あ、あった。ここ「みいちゃん、もういつつだもん」（3ページ）、5つだから買いに行けるっていうので、「サクラちゃんももうすぐ行けるかなー」みたいなかんじで、うん。

佐　「行く」とは言いませんか？「わたしも一人で行く」とか。

和　「行く」とは言わなかったんですけども、あ、5歳になったら行けるかなーみたいな、うん。でこれは、これはサクラちゃんでこれは……、下の子ミキっていうんですけども、みーちゃん、で、この子（絵本の中の姉）も……あ、この子がみーちゃんなんだ。似てるねっていうかんじで。

佐　一人でおつかいに行くほうがね、なるほど。

和　うん、言ってたんですよね。これ（絵本の姉）はこっちがみーちゃんだけど、こっち（実際の妹）がみーちゃんで、これはサクラちゃん、これはお母さんだねみたいなので、これは、そう自分と照らし合わせてみたいなかんじで、うん。で、どこだったっけな「かけあし　どん！」が出てくるんですよね。あ、ここ「かけあし　どん！」（10ページ）。このせりふが出てくると、「いつも、ままと　こうえんに　いくとき　とおります」っていうのを読むと、お姉ちゃんが、「かけあしどん！」って先に、言う。

佐　この辺（くろいめがねのおじさんが描かれたページ）は、不安そうじゃないですか？　特に何も？

和　特に何も言わず、あの、食い入るように見て、うん。

佐　これは、何かどうして買われたんですか？　なんかもらわれた？　これがお家に届いた経緯っていうのは。

和　これも主人が買ってきたんです。

佐　あー、そうですか……っていうことは、お父さんもこういう雰囲気の家で育たれたのかな。

和　で、主人もこれ読んでたっていうんですよね、うん。自分も昔読んでて、本屋に行ったらこれがあって、で、ちょうどこの、今のサクラちゃんと内容が似てるっていうかね、下の子ができてお母さんが忙しいっていうので買ってきたっていうんですよね。

佐　なるほどね。じゃ、お父さんも読まれるんですか？　よく。

和　お父さんは読まない

佐　お父さんは読まない？（笑）。

和　俺は読むのが下手くそだからって。買ってくるのは上手だけど読むのは……うん。たまにね、あの、たまには「お父さんよんで」って持っていくんですけども、淡々と読んでるんですよね、もうホントにあの、小学生が授業中に当てられて淡々と読むみたいなかんじで。

佐　さっきのインタビューでも、そんなお父さんがいました（笑）。ずっと棒読みみたいなかんじだとかって（笑）。で、そうするとどう聞いてますか？　もっとなんとか読めとか。ちゃんと聞いてます？

和　うん、なんかね、うん「ありがとう」って淡々としたかんじで（笑）。

佐　その辺も円満なのね。

和　なんかこういう仕掛けの絵本とかに関してはすごい、「バーッ」とかね言うんですけどね。こういうのはちょっとなんて言うの（笑）、フツーに読む、うん。

佐　なるほど、で『いもうとのにゅういん』（筒井頼子さく／林明子え／福音館書店）、その続きで買った？

和　続きみたいなので、買ったんですよね。

佐　どっちが好きですか？　この二つだと。

和　こっち（『はじめてのおつかい』）。こっちはだからね、後で買ったっていうのもあるんですけども、そんなに数、読んでないかも。で、なんかね怖いみたいなんですよね。お留守番して、何だっけ、雨がふってきたりとか。

佐　雷がなったりとかね、だぁれもいないのにね、お父さんが会社から帰ってくる間。

和　そう、であの、なんかやっぱり病院っていうのもちょっと怖いみたいなかんじで……。でもなんかこの、これを読んでからか、ちょっと留守番するとかって言い出すときも出てきたんですよね。あの、近くのコンビニに行くのに、すぐ帰ってくるんだけど、どうするって聞くと、「まってる」って。

佐　で、待てますか？

和　うん、待って……ま、5分くらいなんで、わたしもちょっと心配なんでね。

佐　そうですよね。やっぱりね、絵本の力で行動に移すんですね。

和　うん、真似したがるのは、やっぱりあります。買い物には行けないんですけども（笑）、わたしも行かせる勇気はまだないんで。でもま、留守番、5分くらいならみたいなかんじで、うん。

佐　あれね、世話好きで、人のことがよく分かって、気持ちが穏やかなお嬢さんですね。

和　（笑）そうですかね。自分の子はそんな……。

佐　絵本を見てても、普通興奮したりすることもあるんですけど、ないでしょ。綺麗に読んでらっしゃるんだなって。相当繰り返されてるはずでしょう？

和　繰り返してますね、うん。いや、でも破けてるのもあるんですけどね。あのこういう表紙（『ごろりん　ごろん　ころろろろ』の表紙）ね（笑）。

佐　それでも綺麗に読んでらっしゃいます。これが唯一……あ、これ（『あなたのいえ　わたしのいえ』）はもらったものだから二代目にお役にたってるから……。あと、何か絵本全般で気がつくこと、気づかれたことってありますか？

和　あとこれ（『ぐりとぐらの1ねんかん』なかがわりえことやまわきゆりこ／福音館書店）。なんか、いつだったっけ。5歳のときの誕生日か……のときにあの、主人のお母さんから。うん、出てたんで買ってきたんだよーって言って。で、ぐりとぐらはスゴーイ好きで、かるたも持ってるんですけども、ぐりとぐらの。うん、すごい読んでますし、かるたもするし、よくあの小児科、病院に行くと「ぐりとぐら」のシリーズって置いてて。

佐　最近、絵本を置くお医者さん増えてきてますね。

和　あるんです。待合室で読んだりとかして、うん。で、もう最近は読めるようになってきたんで、これはもう自分で読む。で、この絵本には12ヶ月あるんで、2月は○○ちゃんの誕生日だったよねーとか。

●父親の絵本選び

絵本選びの上手なお父さんです。ご自分も小さいときお母さんから多くの絵本を読み聞かせてもらわれたようです。でも、読むことはあまり慣れておられなくて、お母さんに言わせると、「小学生が授業中に当てられて淡々と読むみたいなかんじ」だそうです。そのときの様子が目に浮かぶようで、何だかおかしいですね。

今回のインタビューのお父さんは、いずれも働き盛りでとてもお忙しいのでしょうか。それとも、絵本を読むという行為に、一種の照れがあるのでしょうか、あまり頻繁には読んでおられません。しかし、日常的に絵本を読むことが習慣になっていて、とても上手なお父さんも増えています。(3)

わたしが今回記録のまとめを終えた後、選書の上手な和田さんのお父さんに、「絵本を選ぶときに重視していることは何ですか」と質問してみました。答えは、以下のとおりです。

「まず、子どもの喜ぶ顔を想像し、喜びそうなフレーズやキャラクターを、本をパラパラ立ち読みしながら探します。わたしの母も、絵本を選ぶのは上手だったのを憶えていますから。どこか出かけるたびに本を買ってきてくれました。あまり字が多かったり、ページが多いものは選びません。わたしはお笑いキャラクターなので、人が笑ったり喜んだりしてくれるものを考えるのが好きなんです」と、いうお返事でした。

お聞きすると、絵本を選んだり買うというのは、やはりお父さんのお母さんからの世代間伝承が一番大きく働いているように思います。リズムのある言葉や「子どもの喜ぶ顔」という確かなイメージもありますね。

第5章

『はじめてのおるすばん』を実践する

わたしが買い物に行ってる間にして、でも「何にもなかったぁ！」(爆笑)。「だぁれも来なかった」(笑) って言われて、すごい印象的でした (笑)。

語り手　藤川明子さん (39歳)
聞き手　佐々木宏子
インタビュー対象児　第一子美香さん／女 (9歳4ヶ月) 平成6年10月12日生
　第二子達也さん／男 (4歳4ヶ月) 平成11年10月18日生
実施日　平成16年2月21日 (土) 11時20分〜12時30分

1　絵本の絵を描くのが好き——描くことで印象的なストーリーを抜き取る

藤　『だるまちゃんとてんぐちゃん』（加古里子さく・え／福音館書店）を友達に紹介されて、「面白い本だよー」って。で、別に特別な読み方をしたわけじゃないんですけれども、いろんなかわったものが出てきますよね、この本の中に。それがすごい楽しかったみたいで。これはすごい繰り返して何度も何度も……。2歳くらいだったかなー。なんかね懐かしい絵があります。

［ここで、藤川さんが当時のミカさんの描いた『だるまちゃんとてんぐちゃん』の描画を見せてくださる。］

藤　これはえーっと……いつぐらいになるかな、3歳10ヶ月くらいですね。で、あの東区のわりと近くに、あの「やまびこ座」ってあるんですけれども。そこで人形劇とかよくやってて、「広報さっぽろ」っていうのに案内が載ってるんですけれど。それでこの「だるまちゃんとてんぐちゃん」の人形劇をやってたんですね。それを三回くらい見に行ったんです。それがすごい男の方だったたんですけど、結構年配の……すごい上手で。それまでは、わたしから離れられなかったんですけど、これを見てからわたしから離れて前で見られるようになって。

佐　いやー。そのときの話、ちょっと伺いたい（笑）。

藤　あ、いつもはくっついてて、暗いところなんで、わたしから離れることできなかったんですけど。これを最初に見に行ったときに、こう、一つ前の席に出て、二回目のときはもう一人で前に行って見てたんですよね。で、それからわたしから離れて、こう、なんでも一人で見られるようになって……。わたし、それがすごい印象的だったんですよね。何て言うんだろう……「あ、ほんとうにそっくり！」っていうのがあって。で、身近なもの、帽子だったり、こう、靴だったり。「これはどんなときはくの？」とかって。結構4歳くらいになっても読んでて（笑）。

佐　なんかもう、小学校生くらいになっても読んでますからねぇ。なんかそのときの面白い、印象に残ってる会話とかありますか？

藤　会話ですか。あ、あのこれままごとのとかぁ、下駄にするんですけれども（14ページ）。自分もおままごとで、あのまな板にこんなのがあったんです（笑）プラスチックの。そしたら片方しかないから、「もう一つ買ってきたらはけるのに」って（笑）、もうすごい印象的でしたね。

佐　なるほどね。うーん、どのページが一番お好きですか？

藤　おもちのとこでしょうかね。ペッタンペッタン。

佐　あ、「ぺったら　ぺったん」（22ページ）。あ、そこには、リズムがあるからね。

『だるまちゃんとてんぐちゃん』3歳10ヶ月

藤　すごいなんかね、面白い人形劇だったたんですよね。で、ちょっと話が違ったりするだけで「そこは違う!」って言う。「わたしの本はそうじゃない」って言いながらも、でもそういう風になんか楽しんでましたねぇ。

佐　この絵本は、どんな風にお読みになってました?「ぺったら　ぺったん　おもちをついて、ころころまるめて」(リズムをつけて読む)だとか。

藤　そうですね、わりとこう、棒読みにはならないように読んでるんですけど。わたし自身はっきりというか本音を言うと、何度も何度も読んでるうちにだんだん面倒くさくなっちゃうんですけど……。そのこれは字よりも絵を見ることが多かったので。

佐　たしかにそうですよね、いっぱい見るとこ

ありますからねぇ。これは、お餅ではなくて何を描かれたんですかね。（笑）

藤　てんぐちゃんを描こうと……。

佐　あ、てんぐちゃんを描こうとしたんですか。そうかそうかこの、黄色いのがそうかもしれませんね。

藤　あと帽子だと思うんですけど、これが二人（だるまちゃんとてんぐちゃん）の様子ですよねぇ。ここにスズメが止まって「スズメはむずかしい」って言ったのがすごく印象的。あの、生後10ヶ月からわたし会社に子どもをつれて仕事をしてたんですけれども、あの、横で絵を描いてるっていうことがすごく多くって。これはだからわたしの仕事してる横で描いたものなんですよ、だから見ながら描いたわけではなくて。

佐　なるほど、憶えていて？　これは強烈ですねぇ。これがだるまちゃんの絵ですか。これは？

藤　これは、あの宮崎駿の「もののけ姫」。これも、見て描いたわけではなくて、自分の想像の中のもの。これが4歳5ヶ月くらいだったので……。

佐　4歳ですか！　すごいねぇ。こういう風に絵を見て覚えてられるっていうのは、何か特別な教育とか暮らしとかがあったんですか？　持って生まれたもの？

藤　だと思いますけどね、あと繰り返して読むことがすごい、何度も何度も。

［明子さんは、「M写真工房」の札幌支社でカメラウーマンとしてお勤めで、出産後は引き続きパートで継続。外回りで撮影のときはベビーシッター代が会社から支給される。社内で勤務のときはミカさんを連れて出勤し、専用の席が明子さんの隣に用意されていた。］

てんぐちゃんの横顔を描く　3歳10ヶ月

佐　これもそうですね、こっから鼻が出てきてね。

藤　で、その横顔を描けなくってすごい苦労して……これ、わたしの顔見て「横むいてて」って言われて（笑）、わたしの顔を見ながら描いたんですよ。てんぐちゃんの横顔を。なんか、横から出てておかしい。

佐　自分でもどうしようもないもんねぇ（笑）。自分でもどうしようもないんですよ、だからなんかおかしいんだけどこうしか描けないっていうか……面白いですねぇ。この「だるまちゃん」は、もう相当繰り返されましたか？　新しい本買ってきてくださったんですか？

藤　いえ、あの、これじゃないのを友達から「面白いのよ」って貸していただいて、すごいボロボロになっちゃったので（笑）。これを友達に……ボロボロのを、何て言うんでしょ返さないで、こっちを友達に返そうと思って新しいのを買ってきてそれと交換しようと思ってたんですよ。だけどお友達は「いや、これはわたしが買ったものだからボロボロでもいいからそっちを返して」と言われて……（笑）。で、これが残って。だからこれは、後半なんであまり読んでない。

絵で表現する

子どもは、絵本の中の気に入った主人公や印象的なものを描こうとします。文章を丸ごと暗記して再現するように、絵も写生をするように描くのではなく、自分の頭の中に鮮明に覚え込んだものを描こうとします。しかし、手（技術）が目（表象）に追いつかず、苦心惨憺《さんたん》することがあります。「スズメはむずかしい」という発言は、ここから出たものでしょう。

子どもたちに人気のある絵本の主人公のなかでも、比較的多く描かれるキャラクターには、この加古里子のものや『ぐりとぐら』の絵、それに『ねないこだれだ』のお化けやブルーナの『うさこちゃん』などがあります。いずれも、線描画で子どもたちの目には読み取りやすく描きやすいのでしょう。

幼児はよく「見たとおりでなく感じたことを描く」という言い方がされますが、それは前述しましたように技術が追いつかないため、描けるようにしか描けないという部分もあり、本人は見えているとおり描きたいと思っているけれども描けない場合もあると思います。そういうとき、おとなにしつこく「かいてかいて」と頼み込んできて、じっと食い入るような目で手つきを見ていることがあります。「もう自分で描きなさい！　下手でも良いから」などとつい言いたくなりますが、子どもにとっては（絵の下手なおとなにも）切実な問題なのです。子どもが描いた絵を仲立ちにしてさらなる話し合いをすることで、絵本の世界はもっと広がることと思います。

2　絵本を一人で読みたくて、字を覚える

藤　あの、3歳くらいだったと思うんですけれども。こう、絵本の字が自分で読みたくて字を覚える。（笑）で、「あいうえお表」を見て覚えたのではなくって、こういう絵本を見て字を覚えてくれたんですよね。

佐　それ、よくありますよね。最初拾い読みですよね

藤　そうなんです。で、点々（濁点）とかは全部聞いてきて。そのつど言っているうちに、いつの間

にか（笑）憶えちゃったんですよねぇ。

佐藤　あー、ありますよね、そういうことねぇ。

こう、わたしが忙しいと読んでもらえないっていうのがあるから、だんだん「後でね、後でね」って言ってるうちに、「これは何てよむの？」っていうのが始まって……。

●――文字を覚える

第3章の角さんのところ（5　勝手に「めくらないで！」）でも書きましたが、絵本を通して文字の読み書きの能力や技術をマスターしてゆく子どもはたくさんいます。その入り方もいろいろで、文章の響きの良いところから覚えたり、絵を読むようにある単語の文字を形で覚えたり、自分の名前の中にある文字から入ったりとさまざまです。

絵本で文字の読み書きを覚えることの利点は、単語だけを一つずつ切り離して覚えるのではなく、文脈の流れの中で意味をとらえてゆくため自然で豊かな意味をもっています。絵本という文学の中の選りすぐられた言葉から習得してゆくわけですから、とても贅沢なことです。

3　『はじめてのおるすばん』を実践する

藤　あとこれ（『はじめてのおるすばん』（しみずみちを作／山本まつ子絵／岩崎書店）。これがすごい。これは結構……「したい！」って言ったんですよね（笑）。してみたいって。読んだ後に。

佐　で、しましたか？

藤　わたしが買い物に行ってる間にして、でも「何にもなかったぁ！」（爆笑）。「だぁれも来なかった」（笑）って言われて、すごい印象的でした（笑）。

佐　あの、残念そうでしたか？

藤　残念そうでしたね。

佐　あー、電話くらいしたらよかったかなあって。（笑）

藤　「だぁれも電話も何にも来なかった」って。これも幼稚園にあがる前だったので4歳くらい。後半だったと思うんですけど。もう「行って！　行って！」ていうかんじで。

佐　普通なんとなく怖がりますけど、そういうこともなかったですか？

藤　怖がることがあまり（笑）……ない子なんですよねぇ。

佐　どのとこが、一番好きそうですか？

藤　あの、郵便受けですよね（19ページ）。

佐　あーなるほどね。郵便やさんが来て郵便受けの小さな窓から覗く目がぎょろり。これね、普通「怖くて嫌だ」って言う子いるんですけどね。ここどういう風に読まれました？

藤　いやなんか普通に……別にあのコワークは読まなかったと思います。あのー（笑）郵便やさんのように……。

佐　普通にね。だから怖くなかったのかもしれませんねぇ。いろいろあって、怖いなあと思うけど、やっぱり繰り返し読みたいかんじですよね。あとは。何か好きなところってありましたか？　どんな風な読み方されてたかなぁと思って。

藤　読み方ですか？

佐　いや、あのお子さんのほうが。もう、ここ（郵便屋さんが覗くところ）は大満足？

藤　そうですよね。いや何か、郵便受けのところを何回も見てたような気がする（笑）。誰かが来たときに、この子（みほちゃん）はどうしたのか見てるので、自分はどうできるのか、興味あったんですよねぇ。

佐　あーなるほどね。だからきっと留守番のとき、そういうことがあるかもしれないと思って（笑）。

藤　それもあったんでしょうか（笑）。わたしもなんかちょっと心配だったので、すごい急いで帰ってきたような気も……。すごい近くのお店だったんですけど。

佐　それから後も、お留守番したいとか言ってました？

藤　えぇ！　それができるんですよ。それが結構助かって（笑）。

佐　で、何をしてるみたいですか？　お留守番のとき。

藤　いや、あの何でしょうね。ビデオを見てたりとか。会社から帰ってきてから「あぁ、何か忘れた」って買いに行くことが多いんで、夕方が多いんです。でも、そのチャイムが鳴っても、なんか大きくなってからはちょっと「出ないでね」って。

佐　そうですよね。

藤　ええ。今は「出ないでね」って言ってるんですけど。今はもうのぞき窓が届くので、覗いてから郵便やさんとか宅急便だと、受けちゃってることがあったんですよ。印鑑押して。

佐　それはおいくつのときですか？

藤　それは最近ですね。こうなんかこう事件が起こることも怖い……。今はもう「出なくっていいから」って。印鑑、こうぽんっと押すのが楽しかったみたいで。私的にはね、助かることもあったんですけど……。

佐　そう、最近怖いです。宅急便を装った怖いこともありましたからね。

藤　きっと恐怖はなかったですよね。少し待ってると、帰ってくるのが本の中で出てきたから。だからぜんぜん、わたしも置いて出るっていうことが、向こうからしてみたいって言ってきたから、ぜんぜん抵抗なく（笑）。

佐　そうか、そうすると親がだぁれもいなくて自分が一人お家にいるっていうこと……その間、合間っていうのがすごい魅力だったんでしょうかね。

●――絵本の経験を現実に生かす

絵本の世界が、現実の子どもの生活や行為を突き動かしてゆく様子がよく分かります。『はじめてのおつかい』もそうですが、繰り返し繰り返し絵本を読んでもらうことで、心の中にシミュレーションをして強化しているのでしょう。主人公のみほちゃんの経験を何度も読み込むうちに、郵便屋さんの目が小さい窓からぎょろりと覗いているのをみほちゃんは怖がっているけど、「ほんとうは郵便屋さんなんだよ、怖がることないよ」と、第三者の目で見ています。まさに、他者の心をメタ認識しています。

絵本の世界で獲得した経験が、現実の生活の中で実際に生きる力をもつのはすごいことです。しかし、このような現実世界への転換は、すべての子どもに同じように生じるわけではありません。また、何度も繰り返して読んでやれば、その回数に応じて徐々にそのような現実への転換が生じるわけでもありません。あくまでも子どもの個性や個人差があり、「やってみたい」という好奇心や決意が内側から生まれない限り、絵本はあくまでも独立した想像の世界であり続けます。それはおとなと読書の関係と同じことであり、読者の人生や生活への影響力は人さまざまに異なることは当たり前です。
絵本の子どもにもたらすものは、他のケースでも述べましたように個人差があり、さまざまです。お留守番ができたり、お使いに出かけたりなどは外側から明瞭に確認できるために非常に「効果」があるように見えますし、実際そう言えるでしょう。しかし、子どもによっては、もっと内面の深いところで感性の一撃を受け、生活の中で静かに思考の変換を行っている場合もありますので、「実行タイプ」にのみとらわれる必要もないでしょう。

4 『いないいないばあ』——一緒に行動し、ともに何かをやる

藤 ……あ、一番小さいときはこれ（『いないいないばあ』（松谷みよ子あかちゃんの本／瀬川康男え／童心社）（笑）。これすごいボロボロになって……買い換えました（笑）。100日のお祝いに同じこのお友達（『だるまちゃんとてんぐちゃん』のときと同じ人）からいただいて、これはすっごい読んで、やっぱり、「いないいないばあ」がこれから……。

佐 4ヶ月頃からすごいですねぇ。

藤 ええ、あの読み始めて……で、何ヶ月でしょう、1歳近くなってからできるようになって。

佐　あ、いないいないばあが。するとお母さんがなさって。お母さんがこうして見せられて？

藤　一緒にですね。こう置いて、一緒にやるっていうかんじで。

佐　何が一番気に入ってたという風に、今から考えれば、思われますか？　なんかこの「いないいないばあ」自体が。

藤　きっと一緒にできたんじゃないでしょうかね。

佐　なるほどね。一緒になんか行動し、ともに何かやってるっていう。

藤　本と自分とわたしっていうか。なんか、わりと入りやすい本ですよね。あと、お友達にあげちゃってもってこれなかったんですけど、『いやだいやだ』（せなけいこさく・え／福音館書店）っていう。あれもすごい読んでぇ。

佐　あれって泣きませんでした？　でも。

藤　あのおばけ（『ねないこだれだ』せなけいこさく・え／福音館書店）のところは、泣きはしなかったですね。で、髪を切るのがいやだいやだ（『もじゃもじゃ』せなけいこさく・え／福音館書店）っていう。で、うちの子すごい髪が薄くって、切るっていうことが（笑）幼稚園入るまでぜんぜんなかったんですよ。

佐　あの「おばけになってとんでいけー」って言って「ウェーン」って泣く子がいるんですが、泣かないで、じゃどんなところが面白かったんでしょうねぇ、お子さんは。

藤　なんでしょう。でも面白かったかもしれませんね、その何か「いやだいやだ」って言って「おんなじね」みたいな。

佐　いやだいやだとわりとおっしゃるお子さんですか？「いやいやいやいやー」とか。いわゆるその、主張というか。

藤　嫌なことに対してははっきりと嫌だっていう子でしたけど、何でも嫌だって言う子ではなかったように思います。下の子のほうがわりと「いやだいやだ」って、多いかもしれないですね。

佐　下のお子さんには『いやだいやだ』はお読みになったんですか？

藤　いや、読んでないんですよね。あげちゃったんですよね。

●──読みの個別性

絵本としつけの関係については、第2章の角さんのところでも述べました。お化けが強烈に効く子もいれば、ほとんど穏やかに読み過ごしてしまう子もいます。絵本は、ひとつの物語をもっていて作者の意図もありますが、読み手によって多層的な意味をもちます。文学というもののもつ特徴といっていいでしょう。特に、幼い子どもの場合、認識能力の未熟さ（別の意味で言えばとらわれのなさ）から、びっくりするような反応を示す子もいます。

多くの子どもに共通する反応が正解であるなどとは言えませんし、その子固有の驚くような反応をする子を「特別な子」とも言えません。そのように、絵本を読むことの子どもの反応を何かの枠組みで分類することは、読書というものを考える上で基本的になじまないと思います。それは、教科書には許されることなのかもしれませんが、少なくとも絵本やその他の児童文学の領域では限界があるでしょう。なぜならば、表面的には「同じ」と見える反応でも、その内容はまったく異質な場合があるからです。

文学・絵本の領域では、むしろ共通枠に入りきれない独自の読みこそが面白く意味のあることなのですから、そこを捨ててしまうならば、何のための絵本なのか分からなくなります。

5 1歳半からパソコンを操作する

佐　下のお子さんと上のお子さんで違いは、好みは？

藤　ぜんぜん（笑）、わたしが読んでないんですよ、なんかぜんぜん、下の子にはほとんど読んでないんですよ。今、4歳です（笑）。もう、なんかねぇ、こんなに差つけていいのかっていうくらい読んでなくって。

佐　それは、あのお忙しくてっていうか、あんまり本に興味を示さないっていうか。

藤　いや、本はね、嫌いじゃないと思うんですよね。このアンケート調査をいただいたときに、上の子のときの絵本はいっぱい読んだこともね、9年前とかね、5年前とかのことなのに、「あ、こんなこと言ってた」とか「あ、この絵描いてた」とかっていろんなことが出てくるんですけど、下の子のことが（笑）もうなくて……。

藤　じゃ何を読んでたんだろうって思うと、上の子が小学校に入るときに、下の子は2歳くらいでテレビゲームを始めちゃったんですけど。すごく、下の子はできないんですけど、その副読本みたいな「スーパーマリオ」とかの本がついてくるんですけど、それを1歳（笑）で読んで……。だから絵本。

佐　その、マニュアルの何が分かるんですかね？

藤　そう、キャラクター、テレビで動いてるキャラクターが出てるから。で、こういう操作をするとこういう攻撃ができるとか、いろいろ書いてあるのは分からないけども、3歳前からずっとそれを読んでるんですよ。うっとりと（笑）。

佐　やっぱり時代が違いますねぇ。

藤　いやぁでもなんかねぇ、改めてこのアンケートを読んだとき（笑）、下の子にわたしが何もしてなかったことがすごい分かって……。でも、あとで考えてみるとミカがタツヤに読んであげていたようですね。

佐　でも、絵本以外の別なことしてるかもしれませんね、本人は。

藤　幼稚園で読んでもらって、先生が読んでる本がたぶんすごい新鮮だと思うんですよ。だから家に帰ってきてから、すごい（笑）今日はこんな本を読んでぇ、こうだったああだったたって言って話してくれてて、で、毎月絵本をいただいて帰ってくるんですけど、それはもう字が読めるので、わたしに「かおり先生はこうやって読んでくれたんだよー」って言って教え、読んでくれる。

佐　4歳くらいで、逆に読み手のほうに早く回っちゃった（笑）。読み手から入る絵本っていうのも面白いですね。

藤　そのテレビゲームって、すごいカタカナが多いんですよ、説明とか。名前でもほんとうに多くて、ひらがなとほとんど同じ。冬休みくらいに「カタカナおしえて！」って、じゃないとゲームができないから、「カタカナおしえてくれー！」って言って、「ひらがな表」にわたしがマジックでカタカナを書いて、でも一回きりで、もう面倒くさくなっていくんですけど（笑）。4歳2ヶ月ですね。

佐　何か、どういうところからそうなってゆくのか、ほんと不思議ですね、コースが、うーん。

藤　うちはパソコンも、ひとり一台ずつ（笑）。子どもたちってその「変になったらどうしよう」とかっていう恐怖心がまったくないから、小さいうちからやらせたほうがいいんだっていう主人の考えで、すごい安い（笑）、オークションで買ったようなすごい安いのを、一台ずつ与えてるんですけど。あのー、物語がいろいろ入ってるCDとかがあって、それもミカは全部自分で操作していた。1歳半ぐらいから。2年生頃には、少しはもう自分でゲームができるぐらいになって、で、あの、ローマ字を打って、ゲームをするのもあるんですよ（「タイピング覇王」とか「激打

2／北斗の拳」など)。それがやりたいがために、上の子は文字を自然にもう憶えちゃってるんですよね。だからそれはすごい。わたしも「わーすごい」と思って（笑)。

佐　ローマ字を覚えられたのはいつ頃ですか？

藤　えーと、小学校1年生のとき。そのゲームがやりたいがために……。

佐　やりたいがために学ぶんですね。あのね、ピカチュウかなんかでも、あの文字がすごく出てくるのがあったでしょう。あれで全部ひらかな憶えちゃったお子さんいるんですよ。で、お母さんから「ピカチュウは見せるべきでしょうか」なんて、そういう質問がきたり（笑）しましたけどね。そしたらやっぱり現代社会のお子さんで、コンピューター操作なんてもう完全に理解されてますね、理屈抜きに。

藤　あ、理屈抜きでですね。ここ押すとこうなってこうなってって言って、で、なんかときどき操作もおかしくなるので、途中なんか帯が出てきちゃったりするんですけど、わたしじゃ分からないから「パパに電話して」って言って。いや今はちょっとまずいんじゃないかなって言いながら、いや、ここを直さないと次に進めないからって言って電話して、OKだと、あのメールをすると向こうから電話がきて。そうすると自分から電話で話をして、直すんです。ここところを押すと直るとかって言って。

佐　そうか、パパを呼び出すメールをして、パパから電話が入って、でそこで話し合って……すごいですね。小学1年生。

佐藤　1年生ですね。わたしには絶対聞かないんですよ。わたしは分からないから。

佐藤　あ、そうか（笑）。しかしやっぱりそれだけ、やっぱりパソコン時代っていうのはねぇ。アメリカあたりでそれこそ小学校から、どんどんメール出してますよね。もう今は幼稚園から入ってますね、そうそう。

佐藤　あ、うち1歳半から（笑）。

佐藤　で、絵本も最近、わたしどこ行って買ったのかなあれは、デンマークかな？　行ったときに、絵本の中に、もうメールでやりとりする場面が出てくるんですよ。子どもがパソコンに向かってメールをやってる絵本が出てるんです。そして、お手紙ごっこって昔は書いたりとったりしてやりとりしてたじゃないですか。それで、よく、その機械的なものが先に入ると、何か子どもの生活がうんぬんとか言いますけども。

佐藤　どうなんでしょう？　それは、わたしも心配してるんですけど。

佐藤　いや、それはないかもしれないです、それは。うん、他の生活がきちっとこうあれば。24時間やってるわけじゃないですからね。一日にどれくらい、何時間ぐらいやってらっしゃるんですか？

佐藤　パソコンですか。あ、週に何時間かですね。

佐藤　あ、そんなもんだったら心配ないですね。

佐藤　で、小学生の算数とか国語だとかっていうそういう……。

佐藤　それも使われますか？　それは、すごい効果がありますか？

藤　下の子は効果ありますね（笑）。

佐　あー、下のお子さんってまだ学校じゃないでしょ？

藤　えぇ。1年生の「ランドセル小学1年生」（がくげい）っていうのをやってるんですけど。足し算でも木からリンゴがこう「1たす2って」……リンゴが動いてるんです。「いくつ」っていうと、そうすると1足す2なので3ってクリックすると、「ピンポーン」って流れてくるんですね。

佐　4歳のお子さんが。それは、日常の生活にもかなり応用ができてますか？　たとえば逆に言えば、それはできるけれども、たとえばお茶碗を渡して、「いくつ」って言ってできますか？

藤　あ、できます。食べ物のときよくしてます。分けるときに（笑）。でもなんか私的にはね、なんかあんまりそういうのにホントは……こうちっちゃいうちからやっぱり紙にかいたもので……上の子がそうだったので。でも、上の子がやってると下の子も「ぼくも、ぼくもー」って。なんでもすごく早くやってて、なんか飽きちゃわないかなとかって。

佐　まぁねぇ、下は下でまた別の方向……、絶対ライバル意識が出てくると別の方向行きますよね。うん、最初の尊敬してる間はいいけど、次になにくそ絶対違うぞって思うと、別の道選びますから。それはある時期から、たぶん変わっていかれると思うんですが。

藤　なんかこう、上の子だといろんなことを踏まえてパソコンにいったりとか、下の子はいきなりテレビゲームだったりパソコンだったりして、主人は結構できることを喜んでるんです「すごいすごい」って。でもわたしの中では「いいのかなぁ」って思いながら……。

佐　でもどうですか実際、友達との遊びとか、それは何も支障なく行われてるんでしょう？　たとえば幼稚園でなんかどうですか？

藤　あー、いや特に……。うーん、だから今回のアンケート調査でほんとうにわたし手抜きかもしれないと思ってちょっと反省もあったんですよね（笑）。

佐　でも、そのバランスがとれてれば別に、それこそ24時間だったら困りますけども。友達との遊びも経験し、他の経験もし、パソコンも入ってるなら、これは今の時代の子どもはパソコン逃げられませんからね。もう。それは操作できるということは、基本的な教養として絶対なくちゃだめですからね、生きていけないと思いますからね。ただそれをどう選択するかの力が、次にどこで身につくかでしょう。

ただ逆に引きこもりの子みたいに、そこでしか生きられなくなっちゃうと、選択する力がなくなりますからね。

藤　じゃ他の面もいろいろ与えながら、自分が選択できるような場を作っていけばいいってことですよね。

佐　そうですね、十分それでいいと思いますけどねぇ。人間だから必ず飽きるときがくるし、そのときにどういう行動に出られるかでしょうねきっと。

藤　上の子が2年生で、学校がウィンドウズなんですけど、うちがマッキン……マックなので。でも、学校でウィンドウズを習ってこれるからとかっていって。

佐　あ、そうか今1年生からウィンドウズが入ってますか？

藤　今2年生ですね。

佐　あ、2年生ですか。どういう授業でそういうのを使わせていますか？

藤　それがその、うちの「ランドセル小学1年生」「2年生」っていう、そのCDを使って同じものをやったみたいなんですよね。

佐　あ、だったら退屈じゃないですか？

藤　そうですね「そこはそうするのよ」みたいな。

佐　じゃ、先生になればいいじゃないですか。教える側にまわる。

藤　あ、先生はそれを……あの、何ていうんでしょう。「ミカちゃんがいて助かったわ」みたいに(笑)。

佐　ですよねぇ、いやそれはそれでいいと思います。そういう役割取れるのはとても大事ですよね。みんなから尊敬されちゃうって。それは普通の公立ですか？

藤　そうです。

佐　ほう、そういう教科もすごく入ってるんですね。

藤　えーと3年生、今3年生になったんですけど、今ローマ字を4年生から始めるのでそれに先駆けてなのか、今、そのお手紙を書こうっていう教科の中で、パソコンでお手紙を書こうっていってローマ字打ちしてるんです。でも、うちの子はわりと早くにやってたので、すらすらと手紙が書けるみたいな（笑）。友達にローマ字聞かれて。「ら」ってどうするのって言われたら、「ｒａだよ」って。ちっちゃい「っ」はどうするの？　とか聞かれてるみたいですね。

佐　それはいいですね。だって教えられるばっかりじゃつまらないから、それはすごく面白い。それは公立で、それだけパソコンを入れてるってわたしは周辺で聞かなかったんですが、札幌では全部そういう風？

藤　えぇ。

佐　そうすると、クラスで一人一台ずつ全部。

藤　いえ、二人で一台です。（２００５年夏休みから、一人一台になったそうです）。

●――ＩＴ機器と絵本

ここでは、現代の子育てやＩＴ機器の導入による教育状況の変化がとてもよく語られています。まず、藤川さんは下のお子さんと絵本の関わりを語ろうとすると、あまりにも思い出せなくて「冷や汗がでる」と話されていました。よく考えると、わが国でも一家族に3、4人もきょうだいがいた頃は、最初の子どもだけは丁寧な対応が可能でしたが、後へゆくほど子どもがどこでどう育ったのか、思い出せないのが当たり前でした。

藤川さんの場合もお仕事の関係などで、またテレビゲームやパソコンが絵本の前に入り込んだりで、上のお子さんと比べ、下のお子さんの育児環境は大きく変化しています。しかし、その分ミカさんがタツヤさんに絵本を読んであげたり、幼稚園で先生の読んでくださる絵本がとても新鮮だったりと、お母さんとは別の回路を経て、しっかりと絵本は手渡されています。

絵本もゲームの攻略本が最初の「絵の本」であったという話は、現代ではそれほど特別なケースとは言えないかもしれません。ゲームが入り、絵本の読み聞かせも入り、アニメーションの影響を受けたごっこの世界が広がり、なおかつパソコンを使った文字や数の学びが入ったりと、現代社会の子どもを取り巻くすべての子ども文化財が、藤川さんの家族には受け入れられているということです。現代社会の教養であるパソコンの技術も、ごく自然に幼い頃から習得されていて、そのエネルギーとたくましさには感心します。

新しい子ども文化財が入り始めると、絵本とアニメ、読書とゲーム、お手紙ごっことメール、生活を通した文字・数字の学習とパソコンによる学習などは、よく対立概念として置かれ論じられますが、もしかしたら、その二項対立の発想も切り替えるべき時期に来ているのかもしれません。このような複雑なニューメディアが、子どもの中に混在して入り込むときの両親の対応が、もっとも大切だと思いますが、藤川さんの場合は、ほんとうに正面から向き合っておられることに感心します。

どのような新しい道具やメディアが入ろうと、両親（おとな）とともに、両親の見えるところで、両親の支援を受けて受容されていくならば、幼年期にとっての意味は大きいと考えられます。

問題視するおとなの場合、自分はゲームはやらないが子どもはやっている、おとなはさっぱり理解できないが子どもはパソコンで何かに夢中になっている、アニメはうるさいだけだが子どもはじっと集中して見ているといったように、その生活世界がお互いに分断されているところから生じているように思います。

6 パパは、「俺は読めない」と言う

佐　こちら（『でんぐりでんぐり』くろいけんさく・え／あかね書房）は、いかがですか？

藤　これは、これも「でんぐりでんぐり」しました（笑）。すごいしました。

佐　これは誰の本だろ。あ、黒井健さん。

藤　絵もすごい可愛いんですよ、この直角にならないのがね。どうして止まれるのっていう。これ止まれないいって言って、壁に足つけたりして。すごいでんぐりしましたね。なんかそういう絵をみたりとかして、なんて言うんでしょう。やったりとか、こう繰り返しもすごい。

佐　「あら、ねこちゃん、こんにちは」。黒井さんはわりに輪郭が強くなくてふんわりとした絵を描くんですが、ああいう、ふわーっとした絵がすごい好まれて。宮沢賢治の作品にも絵をつけてます

よ。

藤　あ、そうなんですか。今、高校1年生の子が、あの小さいときにそれをお母さんが読んであげたって。いろんな本を買ってて、その中からいい本を貸してくれたんです（笑）。

佐　いいお友達がいっぱいいますね。

藤　そうなんですよ、もう、ホントにわたしなんていただいた本ばかりです（笑）。

佐　「でんぐり　でんぐり。ころん　ころん　ころん」。ああ、これやりたくなるわよね。

藤　そうなんです、すごいしましたね。一緒にしてって。お母さんもここで止まってっていうから。直角を壁にして自分でやりたくて、でもぜんぜんできなくて。

佐　腰打っちゃいますよね、こう横に崩れるかもね。

藤　「やってやってー」って言って（笑）。

佐　あと、なんか絵本との関わりで、面白かったと思われることってございました？

藤　あの、こういう本の他に、あの進研ゼミのしまじろう（こどもちゃれんじぷち／べねっせ）、えっと何歳くらいかな……ずっととってるんですけれども、CDがついてくるんですよね。その絵本を、お母さんが読むのではなくてCDが読んでくれる。それがね、なんか感情こもってて（笑）で、主人がもう棒読みなんですよね（笑）。ずーっとワントーンでずっと読んでると、それをパパこうやって読むんだよーって、すごいCDを真似して（笑）。

佐　で、パパはどうされました？

藤　「読めない」って。はっきりと言って、「俺は読めない」って。

佐　アハハ（笑）。それでも満足してますか？　「読めない」っていわれて。

藤　「へたねぇ」って。「お母さんはちゃんとよんでくれるよ」とかって言って。

佐　なるほど、責めてますね（笑）。

藤　でもそうやって言われてから、まったく読まなくなりました、主人が。下手ねぇって言われてから。

佐　傷ついたんでしょうか？

藤　わたしもなんかおかしくって、同じ声で同じに読むと、こんなにおかしいもんなんだなって（笑）思うくらいすごい下手で。誰が誰にどうしゃべってるのかぜんぜん分からなくて。

佐　それは抑揚もなく、すーっと読むわけですよね。

藤　子どもってこう棒読みで読むと、おとなも分からないけど子どもはもっと分からないんだなって。

佐　分からないですね（笑）。聞いてみたいですね。

藤　すごい無表情で。

佐　わざとにそう読んでるわけじゃないでしょ？

藤　やー、じゃないと思うんですけど。

佐　普通に読むとそういう風になっちゃう。それは面白いですね。しまじろうのあれがあったでしょ、ぬいぐるみが。

藤　あ！

佐　ついてきてますでしょ、あれは好きでした？

藤　あの、うちの下の子は特にわたしに手を入れてくれって（ぬいぐるみに手を入れて動かす）言うんですよ。自分では絶対にしないですね。

佐　なんででしょう？

藤　怖いのか、あのお話をするときも、わたしが全部しゃべって動かして。で、寝るときもわたしがだっこして寝てあげてって言うんですよ。「さびしそうだよー」って。

佐　えー、「じゃ自分が抱っこすれば」って。

藤　言うんですけど、いや、僕はいいって言うんですよ。分からないんですよ。

佐　お母さんに、貸してあげるっていう優しさなんでしょうか？

藤　手を入れて、遊んでって。で、これはね、「タツヤがやるのよ」って言うと「ぼくはやらない！」って言うんですよ。だからうちきれいなまんま。ぬいぐるみを抱っこするっていうことはあんまり……。上の子もそうだったんですけど、こうなんかおんぶして買い物に行ったりとか、ままごとの中でおんぶすることはあったんですけど。

佐　抱っこは嫌い？

藤　嫌いっていうか抱っこして寝たりとか、そういうことはないですねぇ。なんか物に、タオルとか、毛布とかそんなに執着することとあんまりなくって。

佐　もう十分満たされたんでしょうか、お父さんお母さんの愛情に。普通、なんかもう不安なことが

藤　あると、キューっとしがみつきますけどね。
わたし、10ヶ月から会社に連れてってることで、普通の子に比べると、すごい電話来たら「シーッ」だったり、あの、うるさいと飴玉を口に投げ入れちゃったりとか、そういう結構ストレスあったと思うんですよね、上の子は。それで下の子のときは完全に辞めて、かわいそうだなと思ってぴったりくっついてたんですよね。でもあんまり変わらない（笑）。変わらないんですよね。

ミカさんの最初の頃の文字。3歳0ヶ月

佐　面白いですね（笑）。

藤　上の子は電話が来たら右手で受話器を持って、おじいちゃんとしゃべってても必ず鉛筆を持つんですよ。それは会社でみんなそうしてるって言う。

佐　よくこういうの書きます。自分にとっての字ですよね。じゃメモ取ってるわけだ。はあ、面白いですね。会社ごっこみたいな何か、へえ。

●――絵本読みが苦手な父親

再びお父さんの登場ですが、第3章の和田さんのケースと同様に、あまり旗色がよくありません。和田さんのところでは、まるで教室で先生に当てられて教科書を読むようだと表現されたお父さんですが、どうしてでしょうか。お父さんがしっかりと読み合いに関わっている家庭はそんなに少ないとは思えません。でも、子どもに絵本を読むことが苦手なお父さんの話は、少なからず見聞きします。

ひとつには、会社に時間を取られて子どもに向き合う時間が少ないという日本的な理由があります。しかし、お風呂に入れたり休日に遊園地に出かけたりというお父さんは、少なからず存在します。絵本を読むというあたりに、何かの抵抗があるのでしょうか。絵本を読むことは、赤ちゃんとのリズムの交流から始まります。読み合うことは、絵本選びから始まって言葉の交換、音声に自分の心情を込めること、聞き手である子どもの心の動きに合わせて自分の読み方を変えることなど、心理的には相当自分をさらけ出す行為です。

お父さんは子どもの前で自分をさらけ出すことに、気恥ずかしさを感じるようです。一般論ですが、会社語は日中フルに使わざるを得ませんが、家庭語や子ども語を修得する時間に恵まれていないということかもしれません。その代わり、ミカさんのお父さんは、パソコンのリテラシーに相当深く関わっておられます。とりあえず、お母さんと言語環境の棲み分けをされているのかもしれません。

タツヤさんがぬいぐるみをお母さんに託す話も、とても興味深いものがあります。ぬいぐるみに興味がないわけではないし、無視するわけでもありません。ちゃんとお母さんに「だっこして寝てあげて」と、面倒を見させようとしています。もう少し大きくなられたら、その理由をぜひ聞いてみたいと思います。

7　アニメーションからごっこ遊びの世界へ

藤　あとあの、すごいわたし感動したのは、宮崎さんのやっぱりビデオなんですけど、あのラピュタ……違いましたナウシカ（「風の谷のナウシカ」）で、青い服を着て、刀を持って、虫笛をもってあの「ブーン」って飛びますよね。それをやってて、青いパジャマがあったんですよね、それを着て、100均（100円ショップ）のプラスチックの刀を腰にさして。アイロン台をひっくり返して、足を立てて飛ぶやつなんですよね。紙で、三角にアイロンみたいな形に切ってはって、そこを押すと飛ぶようになってるんですよ。

佐　で、フィルムケースがうちにいっぱいあるんですけど、フィルムケースを蓋をしてそこに紐を入れて、ここのポケットに入れてそれが虫笛なんですよね。それをわたし、ぜんぜん子どもに言わないんだけど、自分でそれを写真に撮ってるんですけど。

藤　ごっこ遊びですね。

佐　ごっこ遊び。アニメ見たらすごいその本が欲しくなって、宮崎さんの本とかもいっぱい買ってるんですけど。あとあの「魔女の宅急便」の箒も自分で作って。で、大きいわたしの下げる袋をどっかから出してきて、下げて「いってきまーす」って言って、自分のハンカチだとかパンツだとか全部そこに入れて。

藤　やりますね。

佐　ごっこ遊び、それもすごい。それに本もすごい読んでましたね。

藤　ああ、今でもなさってます？

佐　今はもうしなくなりましたけど（笑）。1年生、2年生のあたまくらいまで。「となりのトトロ」

は、3歳、4歳、幼稚園くらいだったと思います。アイロン台に付けた足の踏み台もテープでくっついてたんですけれども、すごい昔なので糊が剥がれてる。なんかそのスタートのボタンもわたし、なんか捨てられなくって（笑）、とってあるんですけどね。ずっとアイロン台に付けてたんですけど。

佐藤　ふーん、面白いことしますねぇ、子どもってねぇ。

佐　だから本だとかそういうので吸収して、なんか絵を描いたりだとか、自分でごっこ遊びだとかそういうのがすごい得意っていうか、そういうのが好きなんですよね。

佐藤　昔はそのアニメとかがなかった頃は、絵本からそういう遊びが出てきたんですが、今はそういうのがアニメに移ってるんですよね、きっとゲームとか。

●――子どもの中の年輪

「わたし、なんか捨てられなくって」というお母さんの言葉は、いろいろなことを含んでいます。アニメーションからごっこ遊びへの転換は、絵本と同じです。ただし、アニメのほうが絵本より動きや音がある以上、すべてに具体性は勝っていると思います。それゆえ、ミカさんのごっこの世界もお母さんが感動されるほど工夫が精密で、セリフも長く続きます。主人公のセリフを言い、相手役も務め、おそらくはナレーターの言葉も引き受けて、八面六臂の活躍ではなかったでしょうか。

子どもたちがごっこ遊びを行うとき、ごっこの内側のセリフをしゃべったり、物語そのものを組み立てる外枠の構成も自分たちで行うため、現実の「あっちの世界」とごっこの「こっちの世界」を、出たり入ったりと、継ぎ目なく自在に移動します。子どもたちだけの集団で行っていても自動的に了解が成立するらしく、いちいち断ったりしません。ときどきはみ出てしまった子どもが、監督（リーダー）から注意を受けたりしています。

「捨てられなくって」の言葉は、作られたモノではなくて、そのときのミカさんの「ごっこの世界」であると思います。たしかにそれらは、その頃の「ミカちゃん」をそのまま保存しており、もう二度と帰ってこないものです。

同じことが、子どもの大切にしていた人形やぬいぐるみ、自動車のおもちゃなどにも当てはまり、けっして捨てることはできません。それは、単なるエピソードとして表現できるような記憶内容ではなく、今、目前にいる子どもの成長や発達を形づくっているものなのです。それらは大きくなることで忘れ去られるものではなく、木の年輪のように内側で息づいており、その年輪の造形のありようが、人格というものを形づくっているのではないでしょうか。「捨てられない」のは、懐かしいからではなく、今ここに存在するミカさんそのものだからではないでしょうか。

8　絵本を読んだり映画・アニメなどを見た後に「どんなお話だったの？」と、聞くようにしている

藤　小学校3年生なんですけど、（本は）たくさんは借りてこないですよね。あのたとえば「一年間に百何冊借りました」とかっていうのには、のったことはないんですけれども。本はいつも好きなほうでいつも図書館に寄って借りてきて、今はなんかあの、『ヘレン・ケラー』とか、そういう伝記ものをずっと読んでるんですよね。で、その読んだことを、話してくれるんですけど。わたしは、いつも読んだり映画でもアニメでも見た後に「どんなお話だったの？」と、聞くようにしてるんですね。そうすると自分なりに解釈したことを、話してくれるんですよね。で、あの『千と千尋の神隠し』って結構難しいお話ですよね。それも映画館で見たときに、「どんなことを伝えたかったたか分かる？」なんて話をしたりとか。あのちっちゃいからきっと分からないだろうと思ったんですけど、あの「やればできるって」いうかね。

佐　はあ、面白い。ふーん「やればできる！」ふーん。

藤　「できないと思ったらできないけど、やろうと思ってがんばったらできるんだねぇ」みたいな、

佐 それはすごい感動しました。

藤 そういう会話、かなりなさってるんですね。

佐 そうですね、読みっぱなしではないようにして、あの何を感じているのかがやっぱり、そこが問題だなぁっと思って。なんかその辺のお友達が持ってる、たとえば『ちゃお』（小学館）だとか。読んできたって言ったら「どういうこと書いてあったの」とかって。今、『ちゃお』って小学校低学年とかでも読んでるんですけど、キスシーンとかがあったりするんで、そういうことを恥ずかしそうに話したりするんで、「そういうことは恥ずかしいことなの？」って聞いたりだとか。でもちゃんとこう素直に応えてくださるっていうのは、すごいですね。時には「言ってやらない」とか（笑）。

藤 あ、そうですか？

佐 もうちょっと大きくなると5、6年とかね、ちょっと複雑になってくると。いや、お子さんによっても素直な時期と、「言わない」っていう時期があるかもしれません。それはそれで当然ですよね。

藤 あの、「トリビアの泉」（フジテレビ）って今やってるんですけど、番組で放送したものが本にまとめてあり、その中で……カメを飼ってるんですけどうち。カメのペニスは頭より大きいって書いてあって（笑）、うちの子にはまだそういう教育はまったくしてないんですけれども、そのペニスっていうことが何なのかも、学校にいる間悶々としているわけですよ彼女は。

佐　ああ。

藤　それを隣にいた男の子に聞いちゃって（笑）。「ペニスってなぁに?」って聞いたときに、そのユウタ君は、「お前はまだ知らなくていいよ」って（爆笑）、言われて帰ってきたんですよ（笑）。それはぜんぜんうちの子はそんなね、ぜんぜん分からないからぜんぜん何も感じないで（笑）。私感動したんです。それを相手の母さんに報告したんですけど。でそれで何にもないから、うちに帰ってきても悶々としてるから、主人に聞いたんですよね。で、それはわたしがお茶碗洗ってるときに、「パパ」って、「ペニスってなぁに?」って、もうパパが真っ赤になって（笑）答えられないでいるんですよね。何て答えるのかちょっと待ってみようと思ってたんだけど、「何でそんなこと聞くのよ」ってまずそこから入っちゃったんですよ。もうわたしが痺れを切らして「おちんちんだよ!」って言ったら、もうそしたら主人とミカが一緒になって真っ赤になっちゃって「お母さん、大変、ユウタに聞いちゃった」って。「ユウタは何て言ったの?」って聞いたら、「お前は知らなくていいんだ」って（笑）。

佐　面白い答えですねぇ（爆笑）。

言語化すること

絵本からスタートした聞き書きでしたが、話はどんどんと広がり深まってゆき、最後は思わぬところに到達し、大爆笑で終わりました。絵本研究の難しいところは、一冊の絵本の読まれ方が絵本だけでは収まらないことです。表面上は「とても面白がりました」や「とにかく繰り返しましたね」という同じ言葉で語られても、さまざまな記録にあるように、それが内側に含むものはまるで異なっているからです。それを無視して「面白がった絵本」、「読み聞かせた本」としてポイントに計上しても、肝心の意味はばっさりと抜け落ちています。

肝心の内容や意味を抜かした定量的な研究では、ほとんど内面には迫れません。たとえば、藤川さんは「どんなお話だったの」と尋ねるようにしていると、述べておられます。絵本と子どもの関わりでよく言われることは、絵本を読むことは楽しみであり、いちいちその反応を確かめたり確認したりするなということです。一般的にはそのとおりですが、藤川さんの場合は語りの記録を読まれて分かるように、どのような子ども文化財との関わりであっても、非常に子どもとの対話を丁寧にされています。

実際、冊数を競うような読書にはのらないと言い、はっきりと哲学をおもちです。日常生活の中で、ごく自然に「どんなお話だったの」と尋ね、子どもが読み取ったことを言語化するよう促しています。そのようなことを文章化するのはおっくうで面倒なものですが、なにげない会話であれば、それほど子どもの心理的な負担にはならないでしょう。

小さいときから、言語化する習慣を繰り返し行い両親と対話してゆけば、双方の考えていることやものの見方などを、お互いに理解し合えることになるでしょう。

第6章

幼児は物事を考えたり見たりしている

子どもはわたし一人目なんですけど、子どもを知るって、まあ自分も子どもだったけど、見ても分からないことだらけで。本を読んでやっていると、やっぱ分かりますよね、ちょっと。何となく「この人の考え方はこんなかんじなんだ」っていうのが。

語り手　加藤美津子さん（32歳）
聞き手　佐々木宏子
インタビュー対象児　加藤美菜子さん／女（4歳10ヶ月）平成11年3月26生
実施日　平成16年2月22日（日）11時20分〜12時35分

1 成熟が読み方の変化をもたらし、新たな内容の読みを開発してゆく

加　赤ちゃんのときはかじったりしていました。これ（『しろくまちゃんのほっとけーき』わかやまけん／こぐま社）は、ほんとうにすごく気に入っていました。

佐　どのページがどんな風に好きでしたか？

加　ここ（中央見開きのホットケーキが焼けてゆくところ）ですね。絵というより言葉に興味をもってました。このホットケーキのほうだと「ぽたあん」とか「どろどろ」とかいう言葉にすごい興味を示していたと思います。

佐　どれくらいの年齢でしたか？

加　出産祝いにもらっていたので、1歳前から読み始めていて2歳くらいまでとにかく何度も読まされ、結構、長い間見てましたね。

佐　今、おいくつになられました？

加　来月5歳です。最近ちょっと平仮名が読めるようになったので、文章を読んでます。声に出して。ほんとうは暗記していると思うのですが、読めるようになったのを確認しているのかよく見てま

すね。

佐　こんなホットケーキを、作ってくれとおっしゃいませんでしたか？

加　作ってました（笑）。

佐　食べるのはお好きでした？

加　そうですね。一緒に作れば自分も粉を混ぜたりしますから、喜んで食べていました。

佐　そうですね、読んだ日のお昼ご飯はホットケーキです。親も、そのほうが楽ですから（笑）。

そうすると、いつもホットケーキミックスを買っておかなきゃならない？

加　そうですね、常備してました。これは、たまたま出産祝いに小型の絵本（13㎝×15㎝）をもらったのですが、本屋さんで見ているともう少しサイズが大きいですね。小型は持ち歩くのに便利です。

佐　軽くていいですね。お子さんの手の中に入りますよね。これ（『こぐまちゃんとどうぶつえん』わかやまけん／こぐま社）は、どのページがお好きでした？

加　これは、かばさんがうんちをするところで、これも「かばが　うんち　ぴっ　ぴっ　ぴっ」の「ぴっ　ぴっ　ぴっ」が好きだったんだと思います（笑）。あと、こっち（左）が絵でこっち（右）が字できているのに、ここで（中央見開き）で急にぱっと広がるのも、何か「わっ」というかんじで見てましたね。

佐　なるほどね、見開き全部が絵になっちゃった。

加　そして、見開き全部が絵はここだけでね、両方（『しろくまちゃんのほっとけーき』と『こぐまちゃんとどうぶつえん』）とも。あとはまた逆に半分ずつの画面（左が文字で右が絵）になる。そんな意味は、子どもには分かっていなかったと思うけど……。

佐　いや、絵ですから、感覚的には分かっていたと思いますよ。

加　両方とも全見開きの絵のところが好きでしたね。

佐　この画面展開は計算して作られていますよね、うん。

加　絵も線が太くて、小さいときは、写真の図鑑っぽいのは動物が出ていたりしても分からないのに、こういう絵のほうが「クマ」とかちゃんと分かってましたね。おとなにすれば、写真のほうが分かりやすいのにね。

佐　リアルですからね。見慣れている人には。

●――絵のデザインの感覚的な認知

加藤さんは、第一次アンケート調査の「初めて絵本を読んだ年齢と理由」の項で「6ヶ月の頃から少しずつ」と述べ、理由としては「小さい頃から絵本に親しませたかったから」であり、ミナコさんがその頃から興味を示し始めたと記しています。

しかし、加藤さんも述べているように、生後6ヶ月以前の年齢では「かじったり」とか、いわゆる絵本本来の読み物としての本質的な役割は少ないと思われます。たしかに、絵本を目の前にかざせばにっこりと笑ったり手を伸ばして掴もうとする動作をしますが、これは別に絵本でなくても4ヶ月以降にはよくあることです。1歳前後までの絵本と読み手と赤ちゃんの関係は、1歳以降と大きく異なると考えられます。この問題は、第1章ですでに扱ったのでここでは割愛します。加藤さんも語るように、本格的に絵本の世界へとミナコさんが入り始めたのは1歳前です。

5歳近くなった頃は、暗記しているはずの文章を「声に出して」読み、一人で文字が読めることや習得した日本語の文字が実際に機能するかどうかを確かめています。文字は、音として「読めて」も、意味が頭の中で表象として浮かばなければほんとうに読んでいることにはなりません。多くの子どもが小学校へあがった後、うさこちゃんやこぐまちゃんを再度読み始めるのは、このような理由があるのです。正真正銘の文章を読むことの始まりです。

また、加藤さんはこれらこぐまちゃんのシリーズが横組で左開きの流れを持ち、絵本の真ん中あたりでクライマックスや展開点にくると、それまでの左（絵）と右（文章）の分割で右へ向かって流れていた意味の世界が止まり、子どもがその画面を「わっ」というかんじで見ていたと述べています。

このことの意味を笹本純は、「画面展開による語り」として分析し、読み手に次のページをめくりたいと思わせる作用を「引き」、その期待を引き受ける画面を「受け」、そしてそれら滑らかな進行を促すものとは逆に、「読者をその画面に見入らせ釘付けにして画面展開を停止させるような

作用をもつ画面」を「止め」と命名しています。(1)

それゆえ、たしかに加藤さんの言うように子どもは理屈としては理解してなかったかもしれませんが、その画面構成が促す論理は十分に感覚的にはつかめていたといっていいでしょう。

また、ミナコさんは写実的な動物よりも、このような輪郭画で描かれたクマのほうが分かりやすいようだったと、加藤さんは述べていますが、おそらくはミナコさんは実際のくまより、お話の擬人化されたクマのほうにより親和感があったのだと思います。この年齢でも、実際の自動車や動物に夢中になる子は、やはり写実的な絵や写真を好むからです。

2 絵本の読み合いを通して分かる異質な他者としての子ども

加　うさこちゃんは家にもあるんですけど、うさこちゃんはあまり好きではないんですよ。
佐　なぜでしょう。結構いるんですよ、そういう人が。
加　読んでやっても、明らかに興味をもって聞いていないのが分かるんですよ。わたしは小さいときうさこちゃんが好きだったので、生まれる前から買ってたんですけど。もう、自分が好きだったからと思ったのに、「ああー、やっぱり違う人間なんだ」と（笑）。

佐　なぜ、好きでした。おばあちゃんの読み方がよかった？

加　色が好きでした。

佐　色ですか。たしかにワッペンみたいでパッと目に入ってきて、分かりいいですよね。色も綺麗だし。お母さんがうさこちゃんが好きだったのに、お子さんがそうではないことを、どう思われますか？

加　ただ何となく、先生がおっしゃったように似ていますよね、太い線とか。わたしはうさこちゃんのほうが好きと思うんだけど。子どもはぜんぜん開きもしない。小さいときは、分からないのでいっぱいある中からうさこちゃんを触ったりとかしてましたが、今は4冊箱に入ってるんですけど出しもしない。

佐　色遣いがオランダの文化なんですね。こっちは柔らかい日本の色ですよ、オレンジとかねずみ色とか。それとこぐまちゃんは生活がありますよね、ホットケーキとか。こっちはオランダの生活ですが、お子さんによっては好きですね。こぐまちゃんは、どんな風に読まれました？「ぽたあん」とか「ぴちぴち」とか抑揚をつけて読まれましたか？

加　どうだったんだろう。とにかく言葉が気に入ってて、「どろどろ」と二回しかないのに、「どろどろ」としつこく何回も読んだりとか（笑）。言葉でちゃんと絵とイメージが結びついてゆく。「くんくん」というのも、教えたわけじゃないのに、ホットケーキを食べていたのかも知れないけど、ちゃんと匂いをかぐときの感じをつかんでいたと思います。

親子は違う人間

「やっぱり違う人間なんだ」という発言はとても鋭くて、親も子も一冊ずつの絵本にほんとうに丁寧に向き合っていることが分かります。どうせ子どもの読む本だから、というように軽く考えている人にはなかなか到達できない心理的な世界だと思います。

加藤さんは小さい頃こぐまちゃんとは出合っていませんから、もし、ミナコさんと同じくらいの年齢で読んでいれば、また、別の結論になったかもしれません。

うさこちゃんが日本で出版されたのが1964年、こぐまちゃんは1970年には出版されています。うさこちゃんのシリーズは「子どもがはじめてであう絵本」というキャッチフレーズで出ましたので、ファーストブックの定番とされていますが、絵が静止しており、また絵と文が一致しないために、なかなか入りきれない子どもがいます。

絵本は本質的には、絵が語ることは文章にせず、逆に文が語ることは絵に描かないのが特徴です。しかしそれでは、言葉が修得できていない幼い子どもにとっては、難しいことがあります。特に、3歳くらいまでの乳幼児にとっては、文章で描かれていることを絵で確かめるというように、絵解き的な要素が絵には求められる場合があります。わたしは、そのことを「絵と文の二重唱」と定式化し、このような絵本が好まれるのは、かなりの年少児であっても間違うことなく物語の世界へ入って行けるからだと考えています。(2)

しかし、ブルーナの色の美しさは多くの子どもたちを惹きつけますし、何よりも幼い子どもの場合、一冊の絵本は読み手＝聞き手の関係の中で決まることが多いものです。子どもの固有の経験や、読み手が文章以外にもさまざまな解釈や意味づけを付け加えるなら、一冊の絵本はまったく新しい姿で立ち現れるからです。

翻訳絵本の問題点は、リズミカルな言葉や韻を踏んだ言葉を日本語に訳することが難しいということです。そのような視点から考えると、子どもが初めて出合う絵本の特徴が浮かび上がってくるのではないでしょうか。

3　ものの絵本も好き

加　こぐまちゃんとおなじくこれ（『かぜをひいたの？　ポポちゃん』KIMIKO・さく／永井妙佳・やく／ミキハウス）も気に入っていました。やっぱり絵の線が似ているのかなあ。これも、こぐまちゃんと同じくらいです。1歳前くらいから。

佐　これを見ているときどんな表情でした？

加　ちゃんと聞こうとしている感じはあったので、赤ちゃんでもストーリーがあるものでも、別に読んでやっていいいんだということが分かりました。こぐまちゃんよりもこっちのほうがストーリーがあるので、そういうことに関係なく読んでもいいんだということが分かりました。

佐　分かるところだけ分かって、満足しているってところがありますね。全部、分からなくたっていいんですよ。

加　親としては、最初こういう『赤ちゃんにおくる絵本』（作・絵／とだこうしろう／詩・のろさかん／戸田デザイン研究室）のほうが小さいうちはいいのかなあって思っていたんですが、興味を示すのはこういうポポちゃんとかこぐまちゃんだったので、分からないわけではないんだってかんじでした。これ（『ポポちゃんとゆきだるま』KIMIKO・さく／永井妙佳・やく／ミキハウス）は、雪だるまが気に入ってました。

佐　北海道ですからね（笑）。

加　あと、色とかをよく憶えていました。（絵本を）見ていないとき、「雪だるまさんのマフラーは緑色だったね」って。この子は2歳くらいからしゃべるのが早かったですけど。親もよく見ているはずなんですけど、そういうとこまで憶えていませんね。でも、子どもはそういうこともよく憶えているんだなあって。

佐　それはどういうときですか？　自分でマフラーをつけるときですか？

加　雪だるまを作ったときに、「ゆきだるまさんのマフラーは緑だった」と言いました。小さいときは絵本で見たことを、こう実際に生活に移しますよね。

●──「ものの絵本」の複雑さ

加藤さんは、絵単語のような「ものの絵本」のほうが赤ちゃんにはふさわしいと思っていたが、やさしいストーリーのある絵本のほうにより興味を示したことに驚いておられます。たしかに、形式的な論理からすれば、単純なものがバラバラにくっきりと描いてあるほうが認知されやすいように思われます。しかし、生理的にくっきりと目に映ることと、心理的に意味をもたらすことは、赤ちゃんであってもまったく別でしょう。

実際の単語（言葉）の習得が、周囲の生活の文脈の中で認識され抜き取られていくように、絵本の中の「もの」も、日常生活の文脈の中で描かれているほうが分かりやすいと思います。赤ちゃんがよく見知っている単純なストーリーの流れの中で、その「もの」が描かれていると、安心して間違うことなく命名できます。ですから、逆に周囲の文脈から抜き取られた「もの」の絵は、よほどよく経験しているものか、特徴のある輪郭をもつ動物などでなければ、理解しにくいことがあるかもしれません。

間違うことなく命名できる絵を何度も繰り返して言葉に表し、そのたびに「そうねえ、よく分かったわね」とか、「そう、ゾウさんね」などと相づちを打ってもらえることは、コミュニケーションが成り立つことが実感でき、とても嬉しいことなのです。また、読み手がウサギの絵を前に、「ウサギさん　ぴょんぴょん」などと説明を加えたり動作をともなったりすると、その一冊は新しい絵本となります。

4　絵本の世界を日常の生活に再現し体験する——想像力で現実を創り出す

佐　そういう絵本の世界が、現実の世界に移しかえられたので、すごく印象に残ってらっしゃる絵本ってありますか？

加　一番印象に残っているのは、これ『はじめてのおつかい』（筒井頼子さく／林明子え／福音館書店）ですね。

佐　そうですか。それをお話ししてください。

加　これは、児童会館に通っていた頃で、図書の貸し出しがあって、たまたまわたしも小さい頃この本を読んでいたので……2歳のころかな、一回借りて読んであげたら、すごく気に入って何回も読んでくれって言って、そこの貸出期間は一週間だったんですけど、二ヶ月間ぶっ通して返しては借り、返しては借りて気に入って、あまりにも気に入って日中も、夜も寝るときも「よんでくれよんでくれ」って言うから買ったんです（笑）。

佐　一番よい買い方ですね（笑）。

加　そんなに気に入ったなら買ってあげるって。児童会館にも悪いし、二ヶ月も借りっぱなしになっちゃうから。

佐　それで、どのページが一番好きだったんですかね。

加　自転車がビューと出てきたりとか（6―7ページ）。あと転んでお金が転がったりすると、子どもはちゃんと見つけるんですよ、ここにあるとか（13ページ）。あと膝から血が出たりとか（12ページ）。眼鏡おじさんのところとか（18―19ページ）……（笑）。たばこ買いにくるんですけど。ここも好きです。

佐　そこをじっと見ているんですか？

加　眼鏡おじさんのところを読んでくれって（笑）。

佐　えーっ、何でなんだろう。ちょっと怖いのがいい？「たばこ！」なんて、ちょっとぶすっと言ってるようだったりとか（笑）。

加　ここで、おばさんが何回呼んでもずっと気づいてくれなくってぇ、「まあまあ、ちいさな　おきゃくさん。きがつかないで　ごめんなさい」って謝るところも好きなところです（笑）。

佐　あー、なるほどね。それだけストレスがたまっているだろうと一体化できているから、ちゃんと

加　謝ってくれてほっとするんですね。なるほどねぇ。これは何か日常生活に移ったんですか。あの、お買い物ごっことか。家の中で、あの、わたしがお母さん役で、わたしに「ぎゅうにゅうかいにいってくれ」って言わせて、帰ってくるとか。途中で、眼鏡おじさんの役にわたしが代わったりとか。今度、おばさんの役になって「まあまあ、ちいさな　おきゃくさん。きがつかないで　ごめんなさい。」って謝るとか（笑）。

佐　えー、面白いですね。眼鏡のおじさんになったり、お店のおばさんになったり、お母さんになったり、一人何役もですね（笑）。

加　結構、お釣りを忘れて行っちゃうところも好きです（笑）。あまりにも毎日毎晩読んでいたので、子ども自体も三ヶ月くらい経つ頃は、文章を暗記しちゃったんです。だから、セリフも親のほうが、あの、ちょっと間違えたりすると「ちがう」って（笑）。ちゃんと言わないといけないのです。

佐　面白いですねえ。実際におつかいに出るということはまだできませんか。

加　あ、やったことはありますよ。去年。4歳です。そうですねえ。何回もこう、本人の中でシミュレーションができているので、家から直線にあるセブンイレブンに行かせたんですけど……。

佐　何を買いに？　牛乳？

加　そのときは、自分のおやつを買って、一個だけ。ただ、親のほうがやっぱり心配で子どもが店に入っても店が見えるところから見ていて、「ああ、お金払って出てくる」と思ったら走って逃げて戻って、こう、家の前でこのお母さんみたいに手を振って（笑）。

佐　お母さんがついて行ってることは分かってました？

加　いいえ、分かってないですよ。それだけもう夢中で。

佐　夢中なんですよね。いろんな読み方がされてますが、このように役割をとって演じるというのは今回初めて聞きました。そんな活用の仕方があったなんて、脚本みたいに。

加　劇みたいな、毎日そんなかんじでしたね。最近も、ちょっと話が飛びますが……いいですか？

佐　どうぞどうぞ。

加　最近も、『こすずめのぼうけん』（エインワース作／石井桃子訳／堀内誠一画／福音館書店）にすごくはまっています。ご存じだと思いますがカラスとかフクロウとかが出てきて、セリフはだいたいいつも同じなんですけど、「あの、すみませんが、なかへ　はいって、やすませて　いただいていいでしょうか？」と言うと、「おまえ、おれの　なかまじゃないからなあ」って。カラスだと「おまえ、かあ、かあ、かあって、いえるかね？」と言ったりするんです。子どもがこすずめの役なんです今は。「すみませんが、ここでやすませていただけないでしょうか」って、子どもが言うんです。すると「おまえ、かあかあってなけるかい」ってわたしが言わなくちゃならないです（笑）。「ぼくちゅんちゅんとしかなけないです」ってと子どもが言い、「それじゃなかまじゃないからいれられない」と言うと、また飛んで「あのうすみませんが……」って言うのを毎日やってますね（笑）。

［このあたりのセリフは軽い抑揚をつけて、読んでいるときの状況と思われる口調でゆったりとお話しくださった。］

佐　すごいですねえ。それは4歳過ぎくらいから始められた？　読み合いっていうか演劇にするのは。

加　いやあ、3歳くらいから。『こすずめのぼうけん』は2歳くらいから読んでいたので、そんな風にするのは3歳になるちょっと前からです。

佐　気に入った絵本があると、いつも劇になるのですか？

加　そうですね。気に入った本があると。いつも最初は何回も読んで、そこでセリフとか流れとかを憶えてるんですね。憶えた頃になると劇が始まるんです（笑）。

佐　今のところこの二つ（『こすずめのぼうけん』と『はじめてのおつかい』）ですか？　他にもありますか？

●――意味を反芻する

絵本を読むことの深まりと広がりが、2、3歳くらいから劇的に変化してゆくことが語られています。1歳から3歳くらいまでの多くの子どもたちは、好きな本を徹底的に繰り返します。おとなから見れば日常のありふれた一こまを描いていると思われる絵本ですが、幼い子どもには葛藤あり、事件あり、冒険ありのハラハラするドラマになっています。ちょうど、おとなであっても言葉の通じない異境の地で、同じようなことをする緊張感と似ているのかもしれません。

加藤さんの指摘するミナコさんのこだわりの場面は、これからの生活の中で経験し、乗り越えて行かねばならないこと、しかも目前に迫っていることの数々なのです。衝撃的な事件に出会った子どもは、そのことと折り合いをつけるために繰り返しごっこ遊びに再現したり、絵に描いたり、おとなと話し合うことを要求します。

それと同じように、自分の生活の中でも起こりうる可能性のある経験や、ぜひやってみたい経験が絵本に描いてあると、引き込まれるようにそのことのもつ意味を反芻し、探ろうとします。文章を暗記し、描かれた絵を細部まで生き生きと記憶し、それでも心の中で消化しきれないときや興奮冷めやらぬときは、おとなや子ども同士のごっこ遊びや劇遊びへともち込みます。

実際の経験だけが生活を意味づけるのではなく、逆に子どもに手渡される物語や絵本の世界が、人生を豊かに意味づけ導くのです。幼い2、3歳児であっても、すでに絵本という文化財が伝える意味世界に促されて、未来や社会へと一歩を踏み出します。つまり、想像力が現実の世界を作り変えてしまうのです。人間の子どもとは、大変な力をもっていることが分かります。楽しみながら、言葉・表象・イメージを生成してゆきます。

さて、絵本をなぜ繰り返して読むのかということですが、前述の理由以外にもさまざまな理由があり、ことはそれほど単純ではなさそうです。

わたしが一女児の3歳前の絵本記録を出版し、その女児が高校生になったとき当時繰り返して

読んだ絵本の理由を確かめたところ、驚くような理由が出てきました。(3) 主たるものをあげてみると、

① 絵本の内容は読むたびに変わると思って、「今日はどうかな」と繰り返していた。
② 内容が分からないと、繰り返せば分かるかもしれないと考え繰り返していた。
③ 自分で「読まねばならぬ」と決めた本があった。
④ お母さんの好きな絵本もちゃんと選択して、繰り返していた。

絵本を繰り返し読むという理由は、子どもによってはもっと異なったものがあり、おそらくこれだけに止まらないだろうと思います。

5 言葉が実在するものと同じ力をもちはじめる

加　あと、これ『おおきなかぶ』(内田莉莎子再話/佐藤忠良画/福音館書店) ですね。

佐　ああこれ。これはいいですよねえ。これはどんな風にされるんですか。次々に動物が出てきます

よね。

加　そうですね、役をするのは二人しかいないんですけど……。そうなるとイヌとかはイヌのぬいぐるみです。引っ張りはしないんですけど。

佐　そうすると、お嬢ちゃんが孫娘。お母さんは？

加　おばあちゃん（笑）。

佐　カブは何か？　それは空想上ですか？

加　そうですね。見えないカブ。

佐　面白い。イヌやネコは、だいたいぬいぐるみ？　ときどきは見えないものになるのですか？

加　見えないものになりますね。

佐　『おおきなかぶ』は現在進行形ですか。

加　それはもっと小さい頃、他の二冊と同じくらい２歳くらいから。

佐　それで完全に消化しちゃうのかしら。それからさらに何かへ行きますか。劇から何かへ。まだ、分からないですね？

加　今は、こう、本を完璧に演じることが楽しいんだと思うんですけど。

佐　演じるっていうのは、まったく自分のオリジナルですか。

加　オリジナルです。誰がやらせたわけでもないし。

佐　遊びですね。他のお友達とやるというわけでもない。近所の友達とか？

加　いや。わたしと、パパがいるときはパパとやっているとか、あとおばあちゃんとか。一緒には住んでないんですけどね。

佐　だいたい話の分かる人ですね。

加　まあ、おばあちゃんは話の内容が分かってないことが多いんですけどね（笑）。絵本を読んでいないから。だから、指示されるがままに、おばあちゃんには悪いんですけど演出家の言うとおりに動いてくださいと（笑）。

佐　子ども同士でやると、よく分かっている子はいいだろうけどそこまで通じないわねえ。指示ばっかりしたら怒っちゃうし、相手の子が（笑）。

加　おとなだけだと「あー」って分かりますけどね。話が早いんですね。

佐　絵に、描いたりはしませんか。

加　そうですね、絵には描かないですね。

佐　やっぱり演劇タイプに行っちゃったんですね。女優さんになるかもしれない（笑）。わりに活発なお子さんですか、表現力のあるというか社交性のあるというか。

加　小さいときからそうでした。

●――つもりとふり

この『おおきなかぶ』や『てぶくろ』(ウクライナ民話/ラチョフえ/うちだりさこやく/福音館書店)などは、保育所や幼稚園などでもよくごっこ遊びや劇へと発展します。物語の単純さ、骨格の明瞭さ、繰り返しのリズムの面白さなどは昔話の特徴です。

ミナコさんはすでに2歳頃から劇的な遊びをはじめています。これは、物語を共有し豊かな応答性をもつ家族がいるから「話が早く」通じ、ごっこや劇が直ちに立ち上がるからでしょう。わたしがここで注目するのは、役割を担うものの次元の多様さです。孫娘とおばあさんは、ミナコさんとお母さんである加藤さんが自らの身体を使って「ふり」をし、演じます。イヌは、ぬいぐるみのイヌを使ってミナコさんが「ふり」をさせて演じます。もっとも興味深いのは、二人が見えないカブの存在を、言葉で共通のイメージとして「実在」させていることです。象徴としての言葉の誕生といえましょう。

ここでは、「そのつもりとふり」のイメージを支える手段が、身体、もの(ぬいぐるみ)、言葉の三つの次元で混在しているにもかかわらず、なんの不都合もなく、一貫した物語が展開しています。わずか2、3歳でこのような複雑なことができるということは、考えてみるとほんとうに不思議なことです。

6 幼児は物事を考えたり見たりしている

加　『だるまちゃんとてんぐちゃん』（加古里子さく・え／福音館書店）です。

佐　これはどんな読み方をされました？

加　これは、絵がいろいろたくさんありますよね。こういうものはよく見ていましたね。ひとつひとつ。自分はこれがいいけど、ママはどれがいい？　とか。パパにはこれをあげようとか。お話も好きだったと思うんですけど、絵が好きでしたね。だるまちゃんの妹が人形をおんぶしたりするのを喜んだりとか、たくさん出ているクツとか、このおままごと（12ページ）が気になるとか。トンボとかチョウとかを捕っている（16ページ）のがありますね。最後には、ひもにつながれているから「捕ったんだね」と言ったときに、すごい驚いたんです。

佐　最後に放すんですよね、ここで（最後の奥付のあるページ）自由に飛んでますものね。

加　ひもがこういう風に（電車ごっこのひも）なってるから、もう放してやったんだって。妙なことと言うか、気にもしないでおとなが見ていることを気にするんだなあって。

佐　よーく細かいところを見ていますからね。

加　ダルマとテングなんてあまり日常的じゃないですよね。テングというのは、存在自体分かんないと思うんですけど。

佐　架空の生き物でね。でも違和感ないですよね。やっぱりユーモアがあるからじゃないかな、この作家の本は。みんなユーモアで彩られていますよね。

加　子どもの気持ちと言われても、ちょっと、もうおとなになったんで分からない。本を読んでやっていると、子どもってすごい物事を考えたり見たりするんだってことが分かります。こう育てている間は、子どもの物の見方って、やっぱりどう考えても分からない。子どもに本を読んでやっていると、気づくことも分かることも、ちょっとはできるんですけど。

佐　そういう点では、子どもの心が分かるすごくいい道具・媒体ですね。

加　だから本は、いつも離さずに読むようにしているんです。

●――絵本は子どもの心を理解するためのテキスト

わたしは、絵本は子どもの心を理解するための優れたテキストであると常々主張していますが、加藤さんの語りの中にも、しばしば「子どもに本を読んでやっていると、（子どものこころを）気づくことも分かることもちょっとはできる」という発言が出てきます。

加藤さんの場合、「ちょっと」というよりは相当深いレベルでの気づきや理解が生まれているように思います。このインタビューは、活字に起こして文章化すると、重要なことが半分くらい抜け落ちていることに気づきます。

絵本を読み合っているときのミナコさんの発言や、二人がごっこ遊びや劇を演じているときの様子を語る加藤さんの態度や口調、言葉の抑揚やリズムは、ほんとうに臨場感にあふれており、聞き手にはその緊迫感やユーモア、暖かさやおかしみ、とろけるような心地よさなどが生き生きと伝わってきました。

7　わたしはウーフより、がまくんと遊びたい

佐　そういう点では「えっ!」と思うような子どもとの読み違い……すべてにあるんでしょうけど……はありましたか。特に印象に残っているものはありますか?

加　『ふたりはいつも』(ローベル作/三木卓訳/文化出版局)のかえるくん。これはあまり絵がないんですけど、子どもは好きです。

佐　「かえるくん」の中の何が一番好きでした?

加　がまくんがすごい好き。文句ばっかり言って、おとなにすればあんまり良い子じゃないと思うん

ですが、なんか子どもにはがまくんが魅力的なんです（笑）。

佐　「おてがみ」とかもありますが、特に何が一番お好きでした？

加　最初はたまたまNHKの「そりすべり」の人形劇を見たんですね。そしたらすごいお話を気に入ってしまって、この本（『ふたりはいつも』）をわたしが見つけて読んでやったら、「そりすべり」が一番好きだったんですけど。これもがまくんが寒いから嫌だとか文句ばっかり言うんですよね（笑）。その文句ばっかり言ったり、怒って「プイ！」と帰ったりするがまくんが好きなんですよ（笑）。

佐　なんででしょうね、自分の代弁をしてくれるから？（笑）。自分が言えないけど言いたいことを全部言っちゃう快感？

加　そうなのかなあ。

佐　子どもって絵本の中で、とんでもなくめちゃくちゃやる主人公って好きですよね。『ひとまねこざる』（文・絵H・A・レイ／訳光吉夏弥／岩波書店）のおさるのじょーじとか。自分がとうていできないことをグワーってやっちゃう。自分のストレスやフラストレーションを発散するみたいな。

加　でも、分かりません。本人に聞いてみても分からないか（笑）。

佐　かえるくんはいつもがまくんを怒らないで、暖かく受け止めるんですよね、突き放さずに。それが、自分と親との関係みたいに何となく感じるのかなあと思って……。

佐　なるほどね。そういう解釈もできるかもしれませんね。かといって、そんなにわがままじゃないでしょう?

加　いえ、言います言います（笑）。わたしもかえるくんみたいに「いいよいいよ」って言います。子どもはそうすれば、穏やかにのびのびゆくのかなって……。

佐　ちょうどもうすぐ5歳になられますね。かなり高度ですよね、このシリーズは。内容にすごい深みがあるでしょう、アーノルド・ローベルさんのものは。すごい哲学があるし……。何が気に入ってらっしゃるんですかね？　やはり、それは分かっているのね。その深みは分かっていると思います。

加　がまくんが自分勝手なことばかりするんですけど、「おちば」のときは落ち葉がいっぱい積もっているから、そうだ、しらないうちにかえるくんのところを（掃除）やってあげようと、思いやりもちゃんと持っていたりして。そうですね、がまくんはそんなに悪いヤツではないと思っているんだと思います。

佐　そうでしょうね。わたしの知る限り、最年少の読者です。

加　全部は分かっていないんだと思います。

佐　いや、それで良いんだと思います。おとなだって、全部分かっているかと言われれば、ちょっと困っちゃう（笑）。全部で10冊くらいあるかもしれないですね。かえるくんとがまくん以外にも、同じようなユーモアに満ちたローベルの翻訳絵本はありますから。

加　これはわたし、おとなになってから読んだんですが、とっても面白いと思って。

佐　小学校の国語の教科書にも出てますよ。「おてがみ」というのは、2年生かな。お手紙がこないので悲しいがまくんに、かえるくんがお手紙を出すんですよ。それもかたつむりくんに託すのです。二人でがまくんの家の前で、「いまかいまか」と手紙を待っている姿がほんとうにおかしい。

加　絶対にくるからねーって……。

佐　ずいぶん時間がかかりそうですね（笑）。

いろんな読み方をしますね、子どもは。2年生くらいのときは、派手なストーリー展開もなく、その頃はあまり印象に残らない子がいますね。でも小学校の先生に聞いたら、ある子どもたちは、数年後にはすごく思い出すみたいです。

加　『くまの子ウーフ』（神沢利子作／井上洋介絵／ポプラ社）も家にはあるんですが、ウーフも読んであげたことはあるんですが、ウーフよりもこっちのほうが好きですね。

佐　そりゃすごいですね。

加　ウーフにも似たかんじがありますよね。

佐　あります、なんか非常に哲学的なところが……。でも、がまくんのほうが好きというのは何なんだろう。

加　好みなんなんだなあと……（笑）。

佐　好みと言ってしまえばそれまでなんですが、やっぱり、これがもっている人間性とか哲学的なもの、意味が、ローベルがもっているものが面白いんだと思いますよ。

加　4歳なんですよ、まだ。ウーフとがまくんの何がそんなに違うんだ……と思うんですけど、ウーフは最近読んでくれとは言わない。

佐　いや、ウーフよりこっちのほうが深いです。ウーフはわりに子どもらしいと言うか、子どもっぽいところがありますね。「ウーフは　おしっこできているか？」とか。「くま一ぴきぶんは　ねずみ百ぴきぶんか」なんて、あれなんか哲学的ですが……。でもがまくんのほうがもっと深いような気がします。西洋の思想ですけどね。

加　面白いなあと思って……。わたしはどちらかというと、ウーフのほうが好きなんです。ぜんぜん好みが違うんですよ。「あー、わたしはこの人とはちょっと違うんだなあ」と……。でも、子どもが興味のないものは、読んでやってもあまりしょうがない。記憶にも残してくれないので。

佐　エネルギーが消耗するだけですよ（笑）。他に好きなものがあるのに、好きじゃないものを読んでも。

加　ウーフは、最近は除けられてしまったんですけど。

佐　もう少しお嬢ちゃんが大きくなったら聞いてみてもいい。今でも「どうしてウーフよりこっちのほうが好き」って聞いてみたら、何かは言いますよ。何かの断片の言葉は言いますね。後で、ちょっと聞いてみましょうか？

加　今日もここに来るので、これを持ってたら「がまくんとかえるくん持って行かないで」（とても

佐　悲痛な声で）って言いました。ちゃんと持って帰るから大丈夫って。

うああー、すごい執着があるんですね。あと、十年も経てば、はっきりと理由を言ってくれますよ。今は断片的にしか言わないけど、何かポツッと言うかもしれない。

加　［一年後に聞いてみたら、「がまくんと遊びたかった」という返事でした。］

ここに来る前に、この本の中で「いま、一番好きなのはどれ？」って聞いたら、わたしは『はじめてのおつかい』だと思ってたんです。今すごく読んでいるので。でも、「これ！」（『ふたりはいつも』）って言うんです。絵本ではないんだけど、色も淡いし。

佐　どちらかというと幼年童話なんだけど、絵本と言えなくもないですね。

加　見たかんじ、大して楽しくもないいんだけど（笑）。

●――新しい刻のきざみ方をする時計、まだ辞書にのっていない言葉

ウーフもがまくんのいずれも、小学校2年生の国語の教科書に出ています。

加藤さんの語るように、ローベルのものはどちらも見たかんじではイラストレーションも気品があり、色にも落ち着きあります。色彩をきらびやかに多用して読み手を引き付けたり、ましてや媚びたりするような絵ではありません。それゆえ、「見たかんじ、大して楽しくもないいんだけど」

という発言になったのでしょう。

わたしもウーフを最初に読んだとき、シンプルで短いお話の中に深い人生の哲学や解釈が込められていることに驚嘆しました。2、3歳くらいの幼児が日々経験したり感じたりする疑問やアニミズム的な発想を、ウーフが無邪気にさらけ出すと、現実主義者のキツネのツネタが、そこをきわめてストレートに突いてきます。

さて、おとなはウーフの疑問にどのように答えればよいのでしょうか。そんなとき、ウーフのお母さんとお父さんは、ウーフに深い人生の知恵や解釈を与えてくれます。「ねずみは、ねずみ一ぴきぶん、きつねはきつね一ぴきぶん、はたらくのさ。だれのなんびきぶんなんかじゃないんだよ」と、異質な者同士に当てはまるような共通の価値尺度はないことを、きわめて分かりやすい言葉で語りかけます。

他方かえるくんとがまくんの場合は、いつも二人だけで物語は展開します。この二人の物語の面白さは、ウーフのもつアニミズム的な論理の面白さや意外性ではなく、現代社会を支配している時間的な効率や経済的な生産性とはまったく無縁な価値観で貫かれているところにあるように見えます。多くの場合、このシリーズを表すキーワードとして「ユーモア」、「思いやり」、「優しさ」、「友情」などがあげられますが、これらの感情を育む行為は、能率や生産性とは反対の極にあることを強く示唆しています。

「ひとりきり」（『ふたりはきょうも』ローベル作／三木卓訳／文化出版）では、かえるくんが「しんあいなる　がまくん　ぼくは　いません。でかけています。ひとりきりになりたいのです。」という張り紙をおいて、行方不明になります。動揺するがまくんは、やっとのことで、小さな島の真ん中でひとりぼっちで座っているかえるくんを見つけます。

そのときかえるくんは、「……きみという　ともだちが　いてね、それを　おもって　いい　きもちだった。それで　ひとりきりに　なりたかったんだよ。　なんで　なにもかも　みんな　こんなに　すばらしいのか　その　ことを　かんがえてみたかったんだよ。」と語ります。

ウーフの幼児らしい発想と行為は、おとなの偏見や常識に鋭く揺さぶりをかけ、真正面から一撃を加えるような強さをもちます。おとなは驚きあきれ、愛おしさの感情にかられます。しかし、がまくんとかえるくんの世界は額縁の中に入るような教訓もお説教もなく、かえるくんはかえるくんらしく、がまくんはがまくんの思うがままに振る舞っているに過ぎないのに、読み手は自らの心に、さまざまなことを問いかけることになります。

ミナコさんは「がまくんと遊びたかった」と、話してくれました。

ウーフとともにあることは、2、3歳児と一緒に暮らせば可能なことでしょう。でも、かえるくんやがまくんと遊んだり暮らすことは、なかなか容易ではなさそうです。そこでは、新しい刻のきざみ方をする時計と、まだいかなる辞書にものっていない言葉が必要になるに違いありません。ミナコさんは、そのことをちゃんと分かっていたのだと思います。

また、わたしは、ミナコさんががまくんを好きなのは、自分が言えないことをがまくんが奔放に全部言い放つことの快感では？　と、解釈しました。しかし、そうではなくて、加藤さんの語られたように、お母さんが「いいよいいよ」と寛容にミナコさんを受け入れられる親子関係と、かえるくんとがまくんの関係が同じであったという解釈のほうが正確だと思いました。

8 年齢不詳の主人公が問いかけるもの

佐 がまくんとかえるくんは、擬人化ですよね。

加 おとななのか子どもなのか、分かんないんです（笑）。

佐 『ぐりとぐら』（なかがわりえことおおむらゆりこ／福音館書店）もそうですし、このようなステレオタイプから自由な主人公が、子どもにすごく好まれますね。

加 子どもは、何の疑問ももってないんですね。

佐 もってません。あるときはおとなの立場で読み、あるときは子どもの立場で読む。あるときは人間の立場で読み、あるときはカエルの立場で読んでるんです。

加 あっそうだ、やっぱり。

佐 それが、つんのめらないで入って行けるんですよ。「あらっ、カエルだったはずなのに……」とか、「あれ、これ人間じゃないの……」とか思わなくて、継ぎ目なしにスーときれいに移って行ける。

加　カエルがしゃべるの変に思わないんだ……とか、子どもがこのカエルがおとなか子どもか気にならないのかな……て思うんですけど。あえて聞きはしないんですけど。

佐　気にならないですよ。ぐりとぐらだって5～6歳という人もいれば、40歳代って言う人もいますよ、主人公が（笑）。(4)だから、わたしは年齢不詳の主人公って言ってます。それが、子どもをすごく惹きつける。

●――発達観というステレオタイプ

わたしは「子どもの心を理解するための絵本データベース」【佐々木宏子・鳴門教育大学附属図書館児童図書室制作／http://awaji.indigo.naruto-u.ac.jp:8080/ehon/】（以下「絵本データベース」と略）を、わたしが勤務する鳴門教育大学附属図書館のホームページより発信しています。この「絵本データベース」には、基本的書誌項目を基礎に、一冊ずつの絵本が6個の大主題――【生活と自立】【自我・自己形成】【友達・遊び】【性格】【心】【家族】――およびその傘下に連なる280の心理的主題により分析・データ化されています。

主人公の基本的プロフィールとしては、【性】は男／女／中性〈事物等〉／男女〈複数の主人公〉、また【年齢層】は――a 赤ちゃん／b 幼児／c 小学校低学年／d 小学校高学年／e 中高校生／f 成人／g 老人／h 生涯〈主人公の生涯を追う〉／z その他〈年齢不詳〉に分けられています。

わたしが「絵本データベース」を作ったのは、絵本をただ便利に検索するためのものではなく、必要とする主題（5つまでクロスできる）を基本的プロフィールなどと併せて検索した後、得られたリストの絵本をじっくりと読むことで、新たに「子ども」の発見をして欲しいからです。

しかし、結果として分かったことですが、この年齢層のデータ化についてはいくつかの問題点が存在します。学校制度が施行される近代以前にルーツを持つ昔話や民話などは、主人公が人間であっても、「老人」や「赤ちゃん」以外はほとんど年齢層が特定できない場合が多く、当然のことながら多くの絵本はz「その他」に入ってしまうことになりました。わたしは、この周辺をめぐる諸問題を「Z問題」と称して考え続けています。

ぐりとぐらもおさるのじょーじも、年齢不詳です。ピーターラビット（『ピーターラビットのおはなし』ポター さく・え／いしいももこ やく／福音館書店）はどうでしょうか。

かえるくんとがまくんは、まさに年齢不詳の主人公です。彼らは服は着ていますが、靴は履いていません。服装のかんじからするとおとなのようにも見えますが、ときには幼児そのもののような行動をします。たとえば、「たこ」（『ふたりはきょうも』）では、こまどりに笑われながら何度も失敗しては、凧を揚げようとします。かと思えば、前述の「ひとりきり」のように、あふれるほどに幸せを感じるから、一人になってそれをじっくりと味わいたいと言います。

もっともおかしいのは、「すいえい」（『ふたりはともだち』ロベール作／三木卓訳／文化出版局）で、がまくんが水着を着るところです。がまくんはかえるくんに、「ぼくが　みずぎを　きたら　水に　はいって　しまうまで　見ちゃ いけないよ」と言います。なぜだと問うかえるくんに対し

がまくんは　川《かわ》から　あがりました。
水《みず》は　みずぎから　ポタポタ《ぽたぽた》　足《あし》の　上《うえ》に
したたりました。

50

かめは　わらいました。
とかげたちは　わらいました。
へびは　わらいました。
のねずみは　わらいました。
そして、かえるくんも　わらったのです。

51

「すいえい」『ふたりはともだち』50 - 51ページ（ローベル作／三木卓訳／文化出版局）

て、「だって、ぼく　みずぎを　きると、とても　おかしな　かっこうに　見えるんだ。　だからさ」と答えます。

　読み手は、がまくんとかえるくんのことを擬人化されている子ども（ときにはおとな）と見ていたのが、突然「かえる」になってしまい、がまくんの水着姿を見たかめやとかげ、へび、のねずみたちが大笑いするのと一緒に、笑い転げてしまいます。いったい、何がおかしかったたのでしょうか？　笑っている読み手にも、すぐには理由が分かりません。「裸の王様」でなくて、「水着を着たかえる」です。

　二人は、幼児そのものであり哲学者でもあります。人間でもありかえるでもあります。それらの特徴を全部矛盾なく備えているのが、がまくんとかえるくんなのです。このように擬人化された動物の主人公たちが魅力的なのは、彼（彼女）らが、現代の人間が負わされている発達観のステレオタイプを逃れているからでしょう。

9 親の気持ちを穏やかにしたくて読む本

加　次は『ちびごりらのちびちび』（ボーンスタインさく／いわたみみやく／ほるぷ出版）。これはもっぱら寝るときに読んでます。

佐　何ででしょう？

加　何となく穏やかな流れなので。どうしても日中、怒ることのほうが多いので、ほんとうは大好きなのよって……親の反省。子どものためというより、親の反省のために読んでいる（笑）。

佐　それで、穏やかに穏やかにって気持ちを切り替えていく……。

加　それでまた、朝起きたら怒ってる（笑）。

佐　あはは……あーおかしい（笑）。それってていいですね。親の気持ちを穏やかに穏やかにするっていうのは。

加　なかなか気持ちの切り替えってのは、難しいですよね。どうしても、親の気にいらないこと、やってほしくないことをやったりとか……。怒っちゃうんですよねすごく。そうすると子どもに「ママが怒った顔ばかりしてるから嫌なんだよ」とか、「だから自分はこうするんだ」みたいな理屈、屁理屈。えーっと思って（笑）。

佐　あはは、そうなんですよ言うんですよ。ある面事実かもしれない、子どもの立場からすれば。親にはまた親の言い分があるから。

加　「あんたが怒られるようなことをするから怒るんだよ」って言うと、「ママが怒るからわたしはまたやるんだ」みたいなことを言う（笑）。嫌いで怒っているんじゃないのよ、みんなから「大好き」って思われているんだと。

●──しっかり言葉で伝えること

一日の終わりを平和に閉じたいと願うのは、すべての人々の願いでしょう。特に、3歳くらいまでの乳幼児を抱える保護者にとっては、「あのときどうしてもう少し優しくしてやれなかったのか」とか、「あんな心に突き刺さすような言葉を吐くんじゃなかった」などという思いは、毎日のことです。夜、寝入った後の子どもの静かな寝息を聞くと、どっと疲れが出るとともに、反省や自己嫌悪に陥ることもしばしばです。

しかしまた、次の日も同じことを繰り返します。そんなとき、加藤さんにとって自己反省をも込めて読む一冊の絵本が、『ちびごりらのちびちび』だったのです。このような、親の愛をあふれんばかりにストレートに告白する絵本を作るのは、日本人には不得手のようです。一生懸命に働いたり思いやったりしていても、子どもには伝わりにくいものです。しっかりと、言葉で語ることの大切さとそのときの仕草や行為の意味を、目に見えるかたちで伝えてくれる絵本は貴重です。他者の心を読むことを確かなものとする絵本です。

10 幼児は多層性のある生活を生きる

加　『こすずめのぼうけん』では、最後にお母さんがこすずめを翼の下に抱えますよね。最近、これは夜はもう読まなくって、夜寝るときは「ぼく、ちゅんちゅんちゅんちゅんってしかいえないんですけど、あなた、ぼくのなかまじゃないですね?」って言うんですね、夜寝る前必ず。そして、わたしが「いいえ、仲間ですとも。背中にお乗りなさい」って、背中におんぶして布団まで連れて行くんです(笑)。翼をこういうふう(背中の後方に)に立ててやらないと、「お母さんすずめの羽根がないんですけど」とか言われるので(笑)。

佐　なるほどねえ。

加　「お休みこすずめさん」って、翼をかけて寝なきゃいけないんです（笑）。

佐　すごいですね。実際の生活は人間としてあるんですけど、その上にお話の世界をだぶらせて、ダブルの世界（二つの世界）に生きてますよね。きれいに切り替えていくというか。

加　空想の世界で生きているんだなあーって思いますね。

佐　多分一生続きます（笑）。

加　一生（笑い）

佐　それがほんとうのおとなですね。片方をだいたい捨てていっちゃうんですよ、おとなになるということは。でも、また子どもが一生懸命引き出すでしょう、また。それをもっている人は子どもとうまく付き合って行けるけども、完全に捨て切っちゃった人は、子どもがそういうことを言い出しても、うまく対応できないところってありますよね。

加　でも、「なんで？　どうして？」攻撃に出合うと、答えられないこととか出てきて「それはそうだからこうなのよっ！」（笑）って言っちゃって、「あー、やだ」とか思うんです（笑）。

佐　子どもの哲学ですよね、それは。そういう点では、親を鍛えますよね。やはり答えを考えますから、こっちも。できるだけ魅力のある答えを探そうとして、努力するじゃないですか。

加　そう思うんだけど、なかなかです。

佐　でも、幼稚園の教師とかわたしみたいな幼児教育に携わっている人間は、そこのところをすごく増やしていかないと、なかなか教師にはなれないですね。

加　この子、最初、週三回だけの午前中にここの幼稚園に通っていたんです。そのとき、お迎えに行ったら、先生が「ミナコちゃんは、今日ヘビを捕まえたんですよ」っておっしゃたんです（笑）。「ねー、つかまえたもんねー」って先生が言って、子どもが「カバンに入ってる」って答えたんです（笑）。

「えーっ、ヘビがカバンに入ってるの」って（笑）。先生が「まだ赤ちゃんだからお家に帰ったら、ちゃんと餌をあげてね」と言ったんです。わたしはまだ入ったばかりの頃だったんで、あまりついて行けなくて、へーって顔をしてたんだと思います。

先生が「いえ、います。カバンの中にヘビがいるんですよ！」って、目が訴えてくるので「あー、そうか」と思って、「それじゃ、家に帰ってヘビに餌あげようね」って。そうしたらほんとうにカバンから見えないんですけどヘビが出てくるんです。こうやって、チラシとか折り紙とかをちぎって餌の場所を作って、それにたぶん、一週間以上毎日餌をやってたんです。

そのとき、幼稚園の先生ってすごいなあって。目に見えないものなのに、ここまで子どもの中では何日も広がるっていうか、すごいびっくりしたんですね。それから何かそういう劇も、強要されることもキチンと付き合わなきゃと思ってやってるんですけど。

佐　いいエピソードですね。それができる人って保育者の中でも、それほど多くはないですよ。

加　これが幼稚園の先生なんだって思って。まさえ先生です。ほんとうに素敵です。「お母さんいるんですよ。いるんですよっ」て真剣だったので、「えーっいないでしょう。そんなヘビなんて」

と言っちゃ駄目なんだと、そのとき思ったんです。子どもには、見えたりちゃんと分かるんですね。その後からは、部屋のあらゆる所にちぎった紙が置かれて、お友達がきて「これなあに」と聞かれて、「今日はそこにキツネさんがご飯を食べにくるの」(笑) から始まって、キツネが来たりいろんなものが、たぶん来てたんだと思います。子どもがいないときに食べに来てたみたいで。わたしもこれは少し付き合ってあげたほうがいいなと思って、たまに捨てたりとかしました。それで「ああ、やっぱり食べに来てたんだ」って、けっしてわたしが捨てたとは言わないんです。

佐　上手に乗っていくんですよね。

加　分かっているのかもしれないけど……。

佐　分かってます (笑)。心の奥深いところでは。基本的に分かっているんだけれども、現実の世界が。しかし、今は「そっちの世界」のほうが大事。

加　楽しい。

佐　大きい。「そっちの世界」のほうが自分の自由がきくって言うか。制限だらけでしょう、おとなが支配する世界は。自分はまだ力もないし。自分で作った世界では、完全に主人公になれますから。

加　だから、また餌を作っておいて。

佐　いやあ面白いですね。

多層の世界

ミナコさんの生活の層は、現実の生活と想像の世界（もう一つの世界）という二つの世界というより、もっと多層の世界になっているように思います。

ひとつは間違いなく、現実の日常世界です。朝起きてご飯を食べたり幼稚園に出かけたり、お母さんと一緒にお買い物にも出かけるでしょう。それらの基盤となる生活の中に、絵本の世界で経験したことがさまざまな日常場面で、さまざまなかたちをとって組み込まれ表現されます。

ここでは、ミナコさん以外のケースも含めて考えてみたいと思います。その記録が採集された年齢を入れましたが、あまり意味はありません。ひとりひとりの成長の筋道が非常に異なるからです。

（1）日常の生活の中でスポット的に絵本の内容が組み込まれる。

①絵本の中の言葉や文章の一部が現実の生活に応用される。

- 一人で靴をはいて外遊びにでかけるとき、「おとうさんおかあさん　いってまいります。きょうかいのやねが　きらきらひかってます」。→『ゆきのひのうさこちゃん』（ブルーナぶん・え／いしいももこやく／福音館書店）より。（2歳3ヶ月）(5)

●目の前の卵を見て、「あーら、たまごがおちていました」→『ぐりとぐら』より。(3歳半ころ)(6)

●乗り物に乗るたびに大声で、「よろしい、では、くるまにおのり、とうさんがひいていってやろう」→『うさこちゃんとうみ』より。(3歳2ヶ月)(7)

②絵本の中の興味ある行為や行動の一部が、現実の生活に応用される。

●「いいおかお」を真似して再現する→『いいおかお』(松谷みよ子あかちゃんの本/瀬川康男え/童心社)より。(8ヶ月)(8)

●「いないいないばあ」をするようになる→『いないいないばあ』(松谷みよ子あかちゃんの本/瀬川康男え/童心社)より。(10ヶ月)(9)

●ひとりでパンツをはこうとする→『はけたよはけたよ』(ぶん・かんざわとしこ/え・にしまきかやこ/偕成社)より。(1歳2ヶ月)(10)

(2)ごっこあそびとして再現される。

●玩具の電話で遊んでいて突然に母親に「おでんわだよ　マグレガーさんから」と、話しかける。→『ピーターラビットのおはなし』より。(2歳8ヶ月)(11)

●ミナコさんが『こすずめのぼうけん』の役割をお母さんと分け合って、セリフをやりとりした事例。(3歳になるちょっと前くらいから)

(3)日常生活の中に生活の一部として組み込まれる。

・ミナコさんが、お母さんと一緒にホットケーキを作って食べる→『しろきくまちゃんのほっ

とけーき』より。（2歳の頃）

●ミナコさんが『おおきなかぶ』を生活の中で演じた事例。（2歳くらいから）

●ミナコさんが『はじめてのおつかい』を実際に行った事例。（4歳）

（4）日常生活の中である経験をすると、その内容に関連する絵本を持ち出して確認する。

●家族でそり滑りに出かけた日の夜、さっそく絵本を広げて「あっちゃんも、たろみたいにそりすべりしたんだあ。なーちゃんも、たろといっしょにのったんでしょ」→『たろのえりまき』（きたむらえり作・絵／福音館書店）より。（3歳の冬）(12)

（5）描画に現れる。

この事例は数限りなくあります。ぐるぐるの丸や線を引きながら、絵本の中の文章を言ってみることから、絵本の中の主人公の顔や状況をかなり的確に描くことまでさまざまです。

このように絵本と実際の日常生活が相互に影響を与え合う場面は、命名、日常の行為、生活習慣の獲得、話し言葉・書き言葉、ごっこ遊び・劇遊び、描画や歌、生活への組み入れや模倣、想像性と創造性など、すべてが複雑に錯綜・混交して出現してきます。幼児期も後半になるともっともっとそれらの要因が複雑に奥深く入り組み、直接的な行動や言葉としては特定できなくても、明らかに絵本の内容からの影響と推察できるものが増え、それらを記録することなどは不可能になります。また、絵本ばかりではなく、テレビ番組や人気アニメーションのキャラクターを模したごっこ遊びも、大きく影響を与えます。

従来から子どもの思考や行為の特徴を表す言葉として、現実の世界と想像の世界という二つの世界を自由に「出たり入ったり」できるという言い方がよくされます。しかし、絵本を読むという視点から丹念に分析してゆくと、現実と想像・空想世界は「出たり入ったり」というよりも、むしろ複雑な網目模様をもつ織物のように入り組んでいると言ったほうが正確であるような気がします。

それゆえニューメディアによるバーチャルな情報や文化環境に色濃く囲まれている子どもたちは、命名、日常の行為、生活習慣の獲得、話し言葉・書き言葉、ごっこ遊び・劇遊び、描画や歌、生活への組み入れや模倣、想像性と創造性などが、すべてバーチャルな織り目模様の濃いものになってゆかざるをえないのでしょう。

わたしは、子どもの空想遊びを描いた優れた絵本と現実の幼児のごっこ遊びとの関わりについて長年研究してきましたが、一般的に言って「ごっこ遊び」の範疇に入る行為は、一過性で瞬時に過ぎ去ってしまうものから、壮大で数年にもわたって繰り広げられるものまで、実に多様なものがあることが分かりました。(13)

11 「そうやって思ってることの気持ちがいま届く」——想像力への信頼

加　ノンタン（『あかんべノンタン』おおともやすおみ・さちこ作絵／偕成社）とか、まりーちゃん（『まりーちゃんとひつじ』文絵・フランソワーズ／訳・與田準一／岩波書店）。

佐　ヒツジの「ぱたぽん」が好きですか？　どれくらいの年齢から読みました？

加　3歳くらいからですね。言葉の繰り返しが面白いと思うんですけど。まりーちゃんとか人間には、あんまり興味がないです。ぱたぽんたちの家族が増えていくのが気になるというか楽しい。それで、きょうだいが欲しいって（笑）。

佐　今、最大の問題ですね（笑）。

加　いま、最大の問題ですね。だから、ぱたぽんは読みたくない（笑）。

佐　お人形を買ってきて、「ほい、きょうだいだよ！」って言ったら、どんな顔をするでしょうね（笑）。

加　でも、やっぱりお人形をきょうだいにしてますね。やっぱり、一人っ子なので。一緒に寝たりとか。この間も、お気に入りの人形がなくなって、というか、ただ単に片づけないのでどこへいったか分からなくなったんで、「これはいい機会だ」と思って、フフフ……「片づけないから出て行ったんだ」と言ったんです（笑）。もう、5歳にもなるからまさか信じるっていうか、深刻に受け止めると、わたしは思っていなかったので……。

夜、布団に入ってからしくしく泣き声がしているので「あれ、なぜ泣いてるの？」って聞いたら、ハムスターの小さい親子の人形が2個、見あたらなくって泣いているって。「ハムスターがいなくなってしまった」（とても悲しい声で）。最近あまり遊んでいなかったので「遊んでいなかったから出て行っちゃった」って。「明日からちゃんと遊んであげるから、どうやったら帰ってきてくれる？」って聞くので、「そうやって思ってることの気持ちがいま届くと思う」って言って、「これは夜中に探さなくちゃならないな」と思ったんですけど（笑）。

こんなに深刻に受け止めるとは思わず、「ほんとう？　ほんとう？」って真剣に聞くので、わたし、何かとんでもないことを言っちゃったのかなあって。「届くと思う」と言って、寝かせてから一生懸命探してたら、やっと出てきて枕元に置いといたんです。夜中に気になって眠れなくて目が覚めたとき、「あーっ」と声を上げ「ママ、ハムスターが帰ってきたよ」と。

加　ああ、いいですねえ。

［このあたりは、ほんとうにゆったりと臨場感あふれる会話が再現されました。］

佐　ほんとうにこの人は、普段から絵本と現実が一体化しているような感じがしているんですが、正

佐　真正銘そういう人なんだと。「よかったね、明日から大事に遊んであげてね」と言って、ぐっすり寝たんですけど。いつまで、こんな感じなんだと思うんですが。人によっては分かりませんが、「もう一つの世界」は、もっともっと深くなっていくと思います。いろいろなところで。それが壮大なファンタジーのお話を読む世界へと入っていったりとか。今は、表面に出てくるのは現実も空想もごちゃごちゃになっている段階で、こっちが出たりあっちが出たりですが、だんだん現実の世界では現実の話をし、それから空想の世界は空想の世界で、内側に抱え込んでいくようになりますから。しかし、その空想力っていうものがすべて自分の希望とか、将来の設計だとか、いろんなところで大きく育っていって、そこでアイデアとして出てくるでしょう。

加　それもお片づけとか、おもちゃを大事にしてないので気になっていたので……。この人の中では、それも現実なんだなあと思って。

佐　物理的に存在していることと空想の世界で作ったことは、幼児にとってはリアルという意味では、空想の世界のほうがリアルですね。

加　ありえないと、ちょっとこう、おとなになればまさかこんな人形が家出したり帰ってきたりとか、気づきそうなことでも、自分が反省したから帰って来てくれたと。子どもが「あーっ、よかった」と言っているのを見ると、これも大切な気持ちなんだと思って。それは、やっぱり日々、本を読んだり幼稚園でヘビを捕まえたりとかいうのがあるからできるのですね。

佐　そうですね。積み重ねですね。だから、こういう大きな空想の力が、人間がいろんなことを生み出す力になりますからね。

加　「しつけ」といって、親が思って言ったりさせたりするよりも、こういうことからのほうが、子どもはどんどん自分のものにしてゆきますよね。

佐　だから子ども時代は、子どもの論理にそって、おとなの論理を押しつけるのではなく、子どもの論理の内側からしつけたほうが早いですね。

●──「リアル」な世界

ここでは、幼児と絵本に関わることで非常に大切なことが三つ語られています。

ひとつは、この節のタイトルにも付けましたように、「そうやって思っていることの気持ちがいま届く」という、加藤さんの言葉です。絵本は、「今ここ」の場所にいて、「今ここには存在しないこと」について考えたり、思ったりすることが可能な能力の上に出現する世界です。それゆえ、「もう一つの世界」という言い方がされます。

人間の子どもは、わずか1歳過ぎの幼児であっても、「今ここ」を忘れて絵本の中で描かれている世界に入り込み、一時期その世界へ身をおくことができるのです。考えてみれば、とても不思議な力です。「今ここ」に身をおいて泣いたり怒ったり、笑ったり葛藤を経験したりしつつも、それとは物理的に完全に切り離された、もう一つの生活世界を心理的に経験するのです。ここで「物理的に」と、あえて断ったのは、「11　幼児は多層性のある生活を生きる」で述べたように、心理的にはきわめて近いさまざまな知的・情緒的経験世界が絵本の中には展開されているわけですから、ハイファンタジーを読むときのような心理的な距離感はありません。

これは、昔話を聴いているときでも同じでしょう。たしかに、物語の中に展開される時代や生活習慣、暮らしは歴史的にみても古く、時間的には遙か離れた時代の産物です。しかし、そこで語られる人間の気持ちや関係性、感情や論理は、現代の幼児であっても十分理解可能な、興味ある「今ここ」の世界なのです。ですから、二つの世界を出たり入ったりというよりは、入り交じり、織り混ざり、積み重なる多層世界と言ったほうが正確なような気がします。

幼児が絵本を読むということは、自らが直接に体験したことを軸に何かを感じたり、考えたり、学び取ったりという認識過程とは別のサイクルであるように思います。そこには、自分とは直接に関係のない他者の生活体験が描かれており、そこで主人公たちが考えたり、感じたり、学んだりしたことが、文学的な表現形式で明確な哲学や価値観、発達観のもとに描かれています。幼児である読み手にとっては、それは観念的・抽象的な軸を中心に展開する世界であり、つまりは、読書という行為を通して手に入れることができるものです。

「そのように強く思い願う気持ちがいま届く」というミナコさんへの言葉は、自分の意志で何かを強く願うこと、思い続けること、つまり想像力こそが、困難を切り開く力なのだということを教えています。そして、実際に、ハムスターの親子は無事に戻ってきたのです。強く願うことが自分自身の行為の原動力になったり、他者を動かす力になることを、ミナコさんはこんなにも小さい年齢で実感することになりました。

二つ目は、おとなの支配する現実世界よりも、子ども自らが強く願うごっこ遊びなどの世界のほうが、子どもにとってはずっとリアルだということです。つまり、真実味があるということです。

この問題については、わたしの書いた『絵本の心理学』のなかでずいぶん詳しく分析しましたので、ここでは割愛します。ある女子学生は、そのことの意味を具体的に次のように述べています。幼児の頃を思い出して、彼女は稲わらを木に見立てて遊んでいましたが、「つまり、見立てている物と現実のものは、わたしの中ではまったく違う存在であったのである。現実のものはリアルと表現できないが、見立てたものはリアルと表現できる。……見立てた物=自分でつくりだしたもの、である。現実の物は自在に操ることはできなくても、自分で作ったものは自在に操ることができるのだ。だから、わたしは見立てたもので遊ぶ方が現実の物で遊ぶよりおもしろかった」。(14)

どんなに夢中になってごっこの世界で遊んでいる子どもでも、頭の隅では、これは現実とは別の物であることに気づいています。しかし、遊び始めると自分で作りあげた役割や想像の産物の中に入り込んでしまい、外からの強い刺激で壊されそうになったり、想像力がとぎれてくると、必死でそれを追い払おうとすることも記されていました。

三つ目ですが、「しつけ」は、おとなの既成の論理によって外側から迫るのではなく、子どもの論理の内側に入り込んで説得したほうが、納得されやすく受け入れられやすいという事実です。

トイレットトレーニングを絵本で成功させたり、キャラクター人形で食べ物の好き嫌いを克服したり、アニメのヒーローの人形を抱えて暗闇に耐えた話など、絵本が現実の幼児のしつけに役立った話は数え切れないくらいあります。お化けの絵本などは今でも、絶大なる威力を発揮しています。お化けで幼児をコントロールすることなどは、賛否両論に分かれますが、要するに子どもがリアルと感じることがない理由では、説得できないということです。

12 ノンタン——オノマトペによるリズム・メロディ

佐　ノンタンはどういう風に楽しまれました？　何歳くらいからですか？

加　ノンタンは、児童会館にたくさんあったんです。子どもが手にとって見ていたので。2歳1ヶ月くらいのときから幼稚園のタンポポさん（週三回の保育）に入るまでだから、3歳になるまでです。

佐　これは、どういう風に楽しまれました？　リズムかなあ「まてまてまて」とか。

加　これは本屋さんに行って、本屋さんには悪いんですけど、よく立ち読みして子どもに本を読んでやるんです（笑）。そしたら、『あかんベノンタン』と『ノンタン　ボールまてまてまて』（キヨ

ぽーん
ぽーん ぽーん
あれれ?
あっちの ほうで
おとが する。
『ノンタン　ボールまてまてまて』第11見開き（キヨノサチコ作絵／偕成社）

ノサチコ作絵／偕成社）は、声を出してゲラゲラ笑って聞いていたので、そんなに楽しいんだったら買ってあげましょうと思って、この二冊だけノンタンはもっているのです。あとは、児童会館の図書コーナーで見たりとか……。

佐 これもいろいろ言われるんだけど、やっぱり子どもの気持ちというか、論理にそっている部分があるんですよね。

加 こういうこまい所（『ボールまてまてまて』のねずみの巣穴の画面）が好きですよね。

「ここでおしっこたれている」（第12見開き）とか（笑）。そういうことに共感するとか。

佐 だからこれも好きだし、かえるくんも好き。だからどっちの世界ももっているんですよね。すごいですね。内側にすごい世界をもってらっしゃる。

加　ついて行くのがおとなは大変。

佐　でも、本がすごくきれいですねみんな。普通ボロボロにしたり、ひっかいたりするんですが。

加　本は、絶対折ったり踏んだりしないでって言ってます。あと、『くだもの』（平山和子文・絵／福音館書店）とかの本もあったんですが、破いてボロボロになっちゃったんです。

佐　跡形もなく、消化したってかんじですか（笑）。

加　ほんとうに小さいときだったので。破いてボロボロになっちゃった。

佐　いやあ、面白いですね、面白かったです。演劇に行っちゃうとか、現実の世界で動き始めるとか。うん。

加　みんなそうだと思ってたんですけど。

佐　でも、往々にして周りの家族とかが応じきれない、乗り切れないというか……。

加　たまに適当になっちゃうことがあるんですよね。そうすると、すごい剣幕で怒られちゃう（笑）。

佐　そうでしょう。そういう世界ってのは面白いじゃないですか。同じ子どもを育ててもね。そちらの世界で何かをやることは、おとなも楽しいですよね。そうでもないですか？

加　ちょっと冷めちゃうときもある（笑）。

佐　それが、あんまりおとながのめりこみすぎると、今度は子どもがしらけちゃう（笑）。

加　そうかもしれないですよね。

佐　わたしの知り合いの幼児教育研究者の横山明さんという方がね、お子さんが小さい頃ままごとをしていて新聞紙を丸めて「どうぞ！」とくれたとき、少しくらい食べてもどうってことないと思い、わざとムシャムシャと食べてごっくんとやったそうです。そしたら、お子さんが目をまん丸にして、「それはしんぶんしなのよっ！」て（笑）。子どもの世界がバーンと割れてしまったのですね。横山さんは、研究者として意図的にされたわけですが、ごっこ遊びは子どものものっているサイズに合わせて無理なくふくらませながらやるっていうことが大事で、おとながやりすぎると、子どもが主人公だから面白いのにおとなが引っ張っちゃうと、目も当てられないですよね。

「うんち」の話

ノンタンのシリーズは、多くの幼児に圧倒的な人気で受け入れられたにもかかわらず批判も根強く、いわゆる「お勧めリスト」からは除外される傾向にあります。ノンタンが「あっかんべぇ！」と登場し、「おねしょでしょん」と景気よく行進する姿に、「品がない」とか、子どもの低俗な興味に「媚びている」などが、主たる理由であったように思います。

しかし、子どもたちは普段おおっぴらにすることがためらわれる「うんち」の話なども大好きで、それはおとながタブーとして押さえ込もうとすることへの抵抗の要素も含まれていると思います。ノンタンシリーズの特徴は、軽快なオノマトペの多用、読み手により音声として発せられるときのリズミカルな調子とメロディが、幼児の身体に強く働きかけます。絵も太いブル線でアニメーションのように動き、ナレーションに当たるものが絵で表され、文章はほとんどが会話（セリフ）により進行していきます。

笹本純はノンタン絵本について、「幼児向けの絵本ですが、その表現構造は幼稚でも素朴でもありません。そこには、絵本というシステムに対する深い理解にもとづく、周到に計算された見事な画面展開が確実に存在します」と述べています。(15)

『ノンタン　ボールまてまてまて』では、弾んでゆくボールがめくることを促し最終画面に近づくと、地面の下のネズミの世界と地面の上にいるノンタンの世界が二つの物語を奏でることで、子どもたちの好奇心に大いなる満足感をもたらします。ノンタンの目は、物語の転回点に来ると予告するようにキロッと全開になり、見ている子どもたちに緊張と期待を引き起こします。

13　ときどきおそう強い疲労感——ときにはおとなの想像世界を生きたい

加　でも、何ヶ月かに一回くらい、急にすごい疲れを感じるときがあるんですよ。このように付き合っていると。

佐　それはそうですよ、育児疲労というか。おとながおとなだけの水準で生活できないと、くたびれますよね。自分はおとなの論理や想像性をもっているのに使えないというか。いつもいつも、子どもの論理に合わせなきゃいけないじゃないですか。精神的には、身をかがめているような部分もあるでしょう。

加　そうかもしれない。

佐　腰痛が起こりますよね、精神的な腰痛が（笑）。でもまあ、あっという間に出てゆきますから子どもは。「あらまあ」っていうくらい、早く出てゆきますから。

加　そうなんでしょうね。

佐　だから、今を楽しんでください。

加　がんばりまっす（笑）。

佐　ありがとうございました。とても面白かったです。

加　何だかぜんぜん関係のないことまでしゃべってしまって。

佐　いえいえ、それが全部あってこの絵本ですから。

●――楽しさが疲労に転化するとき――母の孤独

語りは、最後に予想外のところへとたどり着いてしまいました。絵本の中の伝えたいものは重要であったり楽しくはあるものの、乳幼児とのコミュニケーションの方法は感覚的で直接的、読み手であるおとなはおとな同士が会話をするときのように、ただ自分の解釈や意味づけを素直に表現するだけではすまないのです。

聞き手である幼児はどこまで分かっていてくれるだろうか？　と、絶えず聞き手の理解度をはかりながら、言葉の調子や動作・表情を加えつつ聞き手の心をも読まねばなりません。乳幼児の世話というのは、多くの部分が煩雑なルーティンの繰り返しであり、そのような単調さを少しでも緩和するために絵本の世界を子どもと分け合うことで、おとなの自分も生かせる時間をもとうと試みます。子どもの心も理解でき、同じ知的・情緒的世界を共有できる楽しい時間であることは間違いありません。

しかし、ここでも子どもたちは限りなく繰り返しを要求し、読み手であるおとなは楽しみが苦行へと転化することもしばしばです。そのようなとき、加藤さんの語られたような疲労感がどっとおそいます。そのことは、加藤さん自身が自らの成熟した自我を確実に内側に持ち続けておられることを意味するでしょう。おとなの自分を生かすことと、幼い子どもを育てることへの責任感との間で強い葛藤が生じるのです。

わたしは「今を楽しんでください」と、あっさりと言いましたが、渦中にある人にとってはあまり慰めにはならなかったとも思います。そのときのご返事を「がんばりまっす」としか文字化できないのが残念なのですが、深い深い思いのこもった吐息と決意と希望が混じり合った音声として、脳裏に焼き付けられています。

　このような読み手の生活と人生観の中から一冊の絵本は選ばれ、子どもたちとのかけがえのない時間が生まれてゆくのでしょう。絵本は、おとなが自分だけの興味で選ぶ本ではないのです。一緒に読み合いをしようとする子どもの心に想いをはせ、子どもの幸せを願って選ばれる本なのです。

おわりに

赤ちゃんと絵本の関係は、近年、ブックスタート運動の開始とともに、大きく変化してきました。ただし、絵本を読み聞かせたり、読み合うということの意味を、1、2歳以上の幼児が意味の世界へ入ってゆくような、伝統的な「読み」というイメージでとらえている人々には、とても違和感があるようです。

しかし、本書の中の6事例を読んでいただくとお分かりのように、赤ちゃんと絵本を読み合うという場合、言葉の意味はそれほど重要視されるわけではありません。ただひたすら、心地よい日本語のリズムや音韻・メロディを通して、双方の気持ちを伝え合ったり、ユーモアあふれる感情を交換したり、手遊び・指遊びのようにジェスチュアーや表情で交流することにより、原初的なコミュニケーション回路を開発することなのです。それゆえ、わたしは、赤ちゃん絵本の機能を、「つなぐものとしての絵本」と命名しました。

それならば、なにも赤ちゃんに絵本を手渡すのではなく、伝統的なわらべ唄や手遊び・指遊びなどで遊べばよいではないか、という批判があると思います。たしかに、赤ちゃんにとっては、顔と顔を見合わせて、ジェスチュアーを交えつつ、笑顔と心地よいリズミカルな人の声で交流することに勝るものはありません。しかし、問題なのは、伝統的なあやし言葉やわらべ唄、手遊び・指遊びなどの、育児文化の世代間伝承が断たれてしまったことにあります。ひとつには、映像メディアの隆盛が、直接的な人と人の交流を薄めてしまいました。赤ちゃんのためのわらべ唄や童謡のCDは溢れるほど店頭にあり、子ども向けのテレビプログラムも新しい感覚のリズムで奮闘しています。ですが、メディアが奮闘すればするほど、赤ちゃんは人（おとな）と切り離され、赤ちゃんは自分の内面とはつながらない音の世界で宙に舞うことになります。

赤ちゃん絵本が切り開く可能性は、もう一度親子が向き合い、新しい日本語のリズムやメロディを生かしたテクストと、それを視覚化した絵などにより、おとな＝赤ちゃん＝絵本の三者関係を強く結びつけ、赤ちゃんの内面を通したコミュニケーションの基盤を創り上げることにあると考えます。

では、「つなぐものとしての絵本」は、赤ちゃんに何をもたらすのでしょうか。

①オノマトペ（擬音語・擬声語・擬態語・擬情語）が豊かに含まれる、詩のようなテクストが、心地よいリズムとメロディで歌われることにより、赤ちゃんは日本語の音節を抜き取ったり、音としてのまとまりを認知したりする力を育むと考えられます。

②ナンセンス絵本は、心身に驚きや快の感情をもたらし、ユーモアの感覚を育てます。

③やりとり・掛け合い、動作や動きを引き起こす絵本は、読み手との間に、身体のリズムを使って共鳴したりコミュニケーションをとることを促し、言葉を生み出し使いこなすことの基礎を培います。

そのためには、次のようなことが前提として必要になるでしょう。

（1）読み手（親・保育者など）と赤ちゃんの間に人間的な触れあいがしっかりとできているか。

絵本を読むということは、絵本を仲立ちにしているとはいえ、あくまでも読み手と赤ちゃんの間のコミュニケーションです。読み手と赤ちゃんの間に信頼関係が成立し、読み手に、赤ちゃんと心理的な交流を楽しみたいという強い願いがなくてはなりません。緊張感ぬきに、ごく自然に感情や気持ちのやりとりができる関係が育っていることがとても重要なのです。

（2）赤ちゃんは、身体・表情・ジェスチュアーなどを通して自分を表現できる準備ができているか。

すでに述べましたが、赤ちゃんも赤ちゃんの水準で、一人前の自立した「読み手」であることを忘れるべきではありません。よく間違われるのは、おとなが一方的な読み手で、赤ちゃんはそれを受動的に受け入れる聞き手と見なされることです。赤ちゃんは一冊の絵本を前に、読み取ったことを、表情や身体表現を使って実に豊かに表現しています。

そのように考えると、絵本の「読み聞かせ」という言葉は誤解を生じやすく、最近では「読み合い」という言葉がよく使われるようになりました。おとなは赤ちゃんの「読み」に触発されて、自分の読みを工夫し、逆に、赤ちゃんもまたおとなの読みを受け入れ、自分の読みを成熟させてゆきます。つまり、一冊の絵本の中身や解釈を「赤ちゃんとともに創る」ことが、赤ちゃん絵本の読み合いであることを、忘れるべきではありません。

絵本には、正しい読み方とか決められた読み方があるわけではありません。そこで向き合った二人の人間が、描かれた世界をお互いの解釈で深めたり広げたりしつつ、楽しめばいいのです。その楽しみ方や内容が積み重なることで、赤ちゃんは幼児になり、幼児期には幼児の楽しみ方や内容の解釈を積み重ねてゆくのではないでしょうか。

赤ちゃん絵本による「つなぐものとしての絵本」で、読み手と聞き手の間にコミュニケーション回路が完成すると、次には、その回路を使って、幼児は意味の世界へと入り始めます。そうすると、絵本は幼児にとっては、「伝え合うものとしての絵本」の役割を果たしはじめます。幼い子どもたちは、おとなの読書と同じように、絵本を通してさまざまな知識や考え方をわがものとしはじめ、絵本は「間テクスト性」の重要な基地の役割を果たすようになります。その様子の具体は、すでに本文の中で提示しました。

しかし、絵本の内容を十分に理解し楽しむためには、それまでの子どもたちの経験が大きく影響を与えます。幼児は、おとなのように言葉や想像力のみで知識や経験を深めることがまだ得意ではありません。まず、自分自身の身体を使ってさまざまな遊びや経験をし、具体的な認識を積み重ねなければなりません。具体的な活動の世界が広がれば、それだけ多様な絵本の世界を楽しむことができるようになります。具体的な経験を無視して絵本の世界から何かの知識を得たとしても、それが力となるためには常に何かが不足しているのです。

近年、日本の子どもの「読解力低下」が論争になる中で、98歳の大村はまは次のように述べています。(1)

> 教育の世界の反応が、読解ということを大変狭く考えているということでした。読むということの意味が、さあ練習問題をしなくては、読書を勧めなくてはというかたちで考えられていました。読むということは、しかし、そういうことではないのです。……(中略)……つまり心をよむとか人生を読むとか、成り行きを読むとか、そういう風に読むということはただ単に、すぐ本を読むとか読解問題をやるとか、そういうことではない。……(中略)……ですから、読む力がなくなるということは、つまりいろいろなことが正確にできなくなってしまうことを意味しています。

乳幼児が絵本を読むということの意味も、まったく大村の言うとおりであることが、6事例を通してお分かりいただけたのではないかと思います。「はじめに」のところで述べたように、絵本を読むとどのような「効果」があるのかという問いに、本書はひとつの答えを出せたでしょうか。

絵本を読み合うことにより、（1）家族の絆を深め、（2）乳幼児理解に深い影響を与え、（3）乳幼児が絵本を通して豊かな知的・情緒的発達、人間理解を獲得する、ということの一端がご紹介できたのではないかと思っています。


最後に、この著作を執筆するにあたり、多くの方々のご協力を得たことに感謝したいと思います。6事例の家族の皆様にはインタビュー後も、電話やメールを通して多くのことをお教えいただき、心より感謝いたします。また、インタビューの会場を提供していただき、さまざまな手配や準備をしてくださいました、札幌A幼稚園の園長をはじめとするスタッフの皆様、ほんとうにありがとうございました。わたしは、この研究を通して札幌の文化の力強さと、そこに住む人々の多様性を認識することができました。

また、わたしの研究室に所属し「赤ちゃんと絵本」のアンケート調査を修士論文として分析・考察し、そのときの第一次アンケート調査を、基礎データとして提供してくださった清水貴子さん（現・北海道文教大学短期大学部講師）に、お礼を申し上げます。

最後に、『絵本の心理学――子どものこころを理解するために』（2000年出版）に引き続き、本書の編集にも携わり、数多くのご教示を頂いた新曜社第一編集部長塩浦暲氏に、心より感謝申し上げます。

付記

本研究は、平成13年度~平成16年度科学研究費補助金〔基盤研究（C）（2）〕（研究課題番号13610142）の研究成果の一部であることを記し、感謝いたします。

注

第１章

（１）酒井邦嘉　2002『言語の脳科学——脳はどのようにことばを生みだすか』（中公新書）中央公論新社, p.116.

（２）谷川俊太郎・中川素子編　2003「おとなが子どもに出会う絵本」別冊太陽126号, 平凡社, p.8.

（３）佐々木幹郎「意味捨てて鳴る柔らかな音」朝日新聞（2005年３月16日付）

（４）佐野史郎「どんどんどん」朝日新聞（2004年８月26日付）

（５）田守育啓　2002『オノマトペ　擬音・擬態語をたのしむ』岩波書店, pp.4-23.

（６）長新太　1979「ちへいせんのみえるところ」「わたしの絵本づくり」月刊絵本別冊, p.10.

（７）田中尚人　2004「父さんと読もうよ」「絵本のたのしみ」月刊「こどものとも０．１．２」2004年9月号折り込みふろく, p.4.

（８）野崎歓　2005『赤ちゃん教育』青土社, p.143.

（９）鷲津名都江　1994「座談会マザーグースの世界」Pee Boo 15, p.32.

第２章

（１）谷川俊太郎　2002　月刊クーヨン４月号, p.11.

（２）西川直子　1999『クリステヴァ』講談社, p.397.

　「あらゆるテクストは, 様々な引用のモザイクとして作られており, すべてのテクストは他のテクストの吸収であり, 変形であるという考え方のことである」。

（３）*Hey Diddle Diddle and Baby Bunting*, 1882, R. Copldecott's Picture Books, George Routledge & Sons.

第４章

（１）佐々木宏子　2002「仕掛け絵本」鳥越信編『はじめて学ぶ　日本の絵本史Ⅲ —— 戦後絵本の歩みと展望』ミネルヴァ書房, pp.281-298.

（２）牛島義友・矢部信一　1943『絵本の研究』協同公社出版部, p.106.

（3）宮川健郎　2004『本をとおして子どもとつきあう』日本標準.

第6章

（1）笹本純　2001「絵本の方法――絵本表現の仕組み」中川素子・今井良朗・笹本純『絵本の視覚表現――そのひろがりとはたらき』日本エディタースクール出版部, p.71-154.

（2）佐々木宏子　1997「絵本の自立――めくることを促すものは何か」守屋慶子教授退職記念論集「立命館文学」第548号, pp.47-75.

（3）佐々木宏子　1998『増補　絵本と想像性――3歳前の子どもにとって絵本とは何か』高文堂出版社.

（4）「月刊MOE」ぐりとぐら大特集, 2002年5月号, pp.22-23.

（5）佐々木宏子　1998『増補　絵本と想像性――3歳前の子どもにとって絵本とはなにか』前掲書, p.42.

（6）松沢棹子　1976「勘文が読んだ絵本」中村悦子／佐々木宏子編著『集団保育と絵本』高文堂出版社, p.187.

（7）三部千鶴　1976「真智と絵本」中村悦子／佐々木宏子編著『集団保育と絵本』高文堂出版社, p.203.

（8）木下逸枝　1979『乳幼児の成長発達と絵本――0歳から3歳を迎えるまで』高文堂出版社,p.23.

（9）木下逸枝　1979, 同上書, p.20.

（10）木下逸枝　1979, 同上書, p.27.

（11）佐々木宏子　1998　『増補　絵本と想像性――3歳前の子どもにとって絵本とはなにか』前掲書, p.116.

（12）小平洋子　1976「晃子と絵本」中村悦子／佐々木宏子編著『集団保育と絵本』高文堂出版社, p.200.

（13）佐々木宏子　2000『絵本の心理学――子どもの心を理解するために』新曜社.

（14）佐々木宏子　2000, 同上書, p.220.

（15）笹本純　2001, 前掲書, p.139.

おわりに

（1）大村はま　2005　緊急発言「読解力低下の報道に接して」総合教育技術7月号, p.52.

著者紹介

佐々木宏子（SASAKI Hiroko, Ph. D.）
1963年同志社大学文学部文化学科心理学専攻卒業
1966年立命館大学大学院文学研究科心理学専攻修了
1998年博士（教育学）
現在：鳴門教育大学名誉教授
主な著書：『増補　絵本と想像性』（高文堂出版1989）；『新版　絵本と子どものこころ』（JULA出版局1992）；『講座　幼児の生活と教育2』（共著　岩波書店1993）；『児童文化入門』（共著　岩波書店1994）；『絵本の心理学』（新曜社2000）他

新曜社

絵本は赤ちゃんから
母子の読み合いがひらく世界

初版第1刷発行　2006年2月20日
初版第3刷発行　2017年3月20日

著　者　佐々木宏子
発行者　塩浦　暲
発行所　株式会社 新曜社
〒101-0051
東京都千代田区神田神保町3-9
電話　03(3264)4973・FAX　03(3239)2958
E-mail: info@shin-yo-sha.co.jp
URL: http://www.shin-yo-sha.co.jp/

印刷・製本　株式会社 栄　光

ISBN978-4-7885-0978-8　C1011